五《いつ》紀《き》伝《でん》

女子プロレスラーとして生きた私

山崎五紀・語り
敷村良子・取材＋構成＋文

世織書房

五紀《いつき》伝——目次

■写真提供——ベースボールマガジン社

五紀伝

序

そこに伝説があった

1991年12月22日引退挨拶（後楽園）

◆

そのひとは、ごく自然に、そこにいた。

それは、二〇〇二年秋のイースト・ビレッジ。

ニューヨークは街そのものが急ぎ足で冬へと向かう季節だった。

私はその女性と、語学学校の学生として訪問した公立小学校で出会った。目の前で微笑んでいる日系の女性が、まさか元女子プロレスラーだとは思いもしなかった。

ネイバフッド・スクール（Neighborhood School＝近所の学校）と呼ばれる公立小学校は、エスニック・ニューヨークの象徴だった。アフリカ系、ヨーロッパ系、アジア系、ヒスパニック系、そのいくつかのダブル、さまざまな個性がきらめく、まさに地球そのもののような学校。どちらかの親、あるいは両親が日本人という子もちらほらいて、そのひとりが、永井五紀《ながいいつき》――元女子プロレスラー、山崎五紀《やまざき》、そのひとだった。

私は旅人というには長く、住人というには短い、中途半端な滞在者だった。夫の仕事の関係で一年だけニューヨークで暮らしていた。

イースト・ビレッジに「ＧＯ」という日本食レストランがある。そのオーナーが女子プロレスラー、山崎五紀の夫であることはプロレス好きの私の夫から聞いていた。「ＧＯ」で食事したこともあったが、そのとき、店内に山崎五紀の姿はなかった。店の人から、五紀は店に出てないと聞いた。

私は最初の三か月だけALI（アメリカン・ラングリッジ・インスティテュート＝ニューヨーク大学付属英語学校）に通った。その午後の選択授業のひとつが、エレン・クラークソン教授の指導する「リアル・イングリッシュ」。週一度、学校に近い公立小学校にでかけ、小学生と自分の国の伝統的な遊びなどをしながら、実践的な英会話の能力を高める講座だった。子どもにとっては希望者だけが受ける、授業後のアフター・スクール、日本でいうなら学童保育のようなプログラムである。

四十分ほどの楽しいひとときが終わると、家族かベビーシッターか誰かが、誘拐などの危険から子どもを守るために、必ず教室まで迎えにくる。毎週、通っているうち、私はそのなかのひとりの女性と顔見知りになった。昼食どき、セントマークス書店二階の日系スーパー・サンライズで、私はその女性と何度かばったり会い、会釈をかわした。

講座が中盤にさしかかるころ、その女性が瑠夏《るか》ちゃんのお母さんだと知った。そして、瑠夏ちゃんの家は、お父さんが日本食レストランを経営していることがわかった。店の名は、イースト・ビレッジの「GO」。ということは……。そう、瑠夏ちゃんのお母さんは、山崎五紀だったのだ。

山崎五紀は昭和五十年代末から昭和六十年代にかけて、「ロープ際《ぎわ》の魔術師」と呼ばれた伝説の女子プロレスラー。シングルで、そして立野記代《たてののりよ》と組んだＪＢエンジェルスというタッグで、クラッシュ・ギャルズやダンプ松本ひきいる極悪同盟と名勝負を戦った実力派の選手である。アメリカＷＷＦのタイトル・ベルトを巻いた初の日本人は、男子も含めて、ＪＢエンジェルスだった。

それが、瑠夏ちゃんのお母さん。教室で笑顔を浮かべ子どもを見守っている優しいママと、スポーツのなかでもとりわけ激しい格闘技であるプロレスの選手は、私のなかですぐには結びつかなかった。決して小柄ではないが背格好もプロレスラーのイメージには遠い。

しかし、彼女は、まぎれもなく山崎五紀だった。

そういえば、一度、こんなことがあった。

アフター・スクールに身体に障害を持つヒスパニック系の女の子がいた。クラスが終わった後、瑠夏ちゃんのお母さんは、その子を抱え下ろすと言った。教室は四階で階段しかない。その子は障害のせいで身体は小さかったが、それでも体重二十キロはある。腰でも痛めないか、子どもを落とさないか、私は不安を感じた。瑠夏ちゃんのお母さんは、「だいじょうぶですよ」とさらっと言ってほほえみ、そしてしっかりとした足どりで階段を下りていった。

山崎五紀は永井五紀として、新しい人生を歩んでいた。親しくなればなるほど、気さくで自然な人だった。私がひとつだけ強く感じたのは、同世代の日本人女性と比べて、浮わついたところがない、このことだった。流行は知りつつ、自分の判断で行動できる人。要するにしっかりしているのだ。

夫で「GO」のオーナーシェフ、永井勇巳《ながいいさみ》と話をしてみても、二人が堅実に地に足をつけて歩んできたことが伝わってきた。「GO」だって、最初から毎晩行列ができる繁盛店だったわけじゃない。すくすく育っている一女二男も、すんなりと授かったのではなかった。現役時代の話になると「それは、もう、昔のことだからね」と五紀は目を伏せた。

そのことが私の好奇心を刺激した。

なぜこの人はこんなに自然なんだろう。なぜ女子プロレスの世界に入ったのだろう。そして女子プロレスラーとしての過去にあっさり幕を下ろしたのだろう。私はこの人の話を聞いてみたいと思った。

ナイン・イレブンスからまだ一年と数か月。季節は巡り、暖冬続きの数年とうってかわり、ニューヨークは氷点下の日が続く寒く暗い冬になっていた。ブッシュ政権は国連や国際社会の声を無視する形でイラク戦争に突き進んでいた。反戦デモの怒号と、パトカーや救急車のサイレンと。

二〇〇三年一月三日、日あたりのいい永井家のマンションの居間で取材は始まった。外は氷点下を下回る寒さだったが、部屋の中は暖房で窓を開けたいほど暖かい。――アメリカのビルは細かい室温調節がきかない。集中管理だからビルの管理人に文句を言っても、暑けりゃ窓を開けろと言われる。そこに資源節約の概念はない。だからNYは函館と同じ緯度でも、真冬だって部屋の中ではTシャツで過ごせる。フランス人の女性のアーティストが言っていた、「アメリカ人は馬鹿だ」と。それはともかく――

母親が永井五紀から山崎五紀になり、見慣れない私と話を始めると、次男の飛佑磨《ひゅうま》は落ち着かなかった。「一緒に遊んでよね」という意味なのか、アーアーとしきりに声を出して上目づかいに私を見た。彼がひとつのおもちゃに飽きると、山崎五紀は母親の顔に戻って、「ひゅうちゃん、違うのあげよう。どうぞ。はい」と、根気よく穏やかに接するのだった。こうやって何度か中断しながら――

山崎五紀は、まず生い立ちから語り始めた。

家島 ♣1

——スポーツ万能少女から女子プロレスラーへ

1987年１月の五紀（愛知県下）

◆

五紀《いつき》という名前をつけたのは父でした。

生まれたのは昭和四十一年一月三日。

一九六六（昭和四一）年、生を受けた赤ちゃんの数は、日本全国で一三六万人。グラフを見るとこの年だけ出生数ががくんと落ちこんでいる。丙午《ひのえうま》の影響だ。中国伝来の五行説では、丙は火の兄、午は正南、火災の多い年といわれ、丙午生まれの女は夫を殺すという俗説がある。もちろん根拠はない。日本はすでに戦後の混乱がおさまり、高度経済成長期のまっただなかにあったが、なぜか出生率が下がった。

世界ではベトナム戦争が拡大する一方で、日本は朝鮮戦争の影響で景気が良くなり、人々の暮らしも豊かになっていた。かつて三種の神器といわれ、庶民の憧れだった白黒テレビ、電気洗濯機、電気冷蔵庫は、三C、すなわちカー（車）、クーラー、カラーテレビに変わった。電話の普及台数も七三九万五千台でアメリカに次いで世界第二位。ミニスカートが流行し、街にはグループサウンズの曲が流れていた。六月二九日には、ザ・ビートルズが来日、日本武道館で三日間五回の公演を行った。NHKの朝の連続ドラマ「おはなはん」が放映された年でもある。

生まれたのは兵庫県飾磨《しかま》郡家島。知ってます？　私は全日本女子プロレスのオーディションに受かって、中学を卒業してすぐ東京へ行っちゃったから、実家に帰ってもお友だちがいないですけどね。会っても立ち話する程度で、一緒に飲みに行こうかっていう仲間はいない。

でも、家島っていう場所は好きですよ。お魚もおいしいし。

家島はすごく小っちゃな島なんですよ。瀬戸内海の小豆島に行く途中にあるんです。いちばん多いときで、人が一万人いたっていいますけど、今は結婚したら外に出る人が多いみたいだし、人口が減ったみたいなこと言ってました。すごくいい所なんですけど……。

日本に一時帰国したとき家島に帰ってもね、親戚の子の旦那さんが私の同級生の弟とかね。こういうとこって親戚ばっかじゃない。

だから最近は、ちょっとトゥー・マッチかな。うん。

瀬戸内海を東洋のエーゲ海ということがある。住んでいると気がつかないが、長く離れていると、あながち大げさなたとえではないと思えてくる。翡翠のような深い碧の海、繊細で複雑な海岸線の作り出す景観は、エーゲ海よりさらに美しい。

家島は瀬戸内海国立公園のひとつ。兵庫県姫路市から香川県に向かって十八キロ進んだ沖に浮かぶ島である。家島、男鹿島、西島、坊勢《ぼうぜ》島のほか、周辺に大小四十あまりの小島が点在し、明治時代から現在まで、それらをひとくくりにして家島町となっている。

家島の歴史は古い。人間が定住したのは有史以前。太島《ふとん》などから、旧石器時代の遺跡やサヌカイトの石器が発掘されている。万葉集に家島を詠みこんだ歌が残されていることから、奈良時代から瀬戸内海の海上交通の重要な拠点だったと思われる。家島を詠んだ和歌は平安時代にも見られ、そのあとも現在まで、家島はさまざまな和歌、詩や散文に登場している。時代が下って戦国時代になると、豊臣秀吉が大阪城築城のさい、石垣を家島から運んだという。

昭和四五年の国勢調査によると世帯数は二三九三戸、人口は一万人あまり。平成一二年には二六六一世帯で人口八九七八人に減少している。

島の住人は、明治時代までは農漁業を中心に生計を立てていた。五紀の生まれた昭和四十年代もその点は同じだった。現在はガット船（砂利運搬船）による土木工事用の石材の海上輸送や港湾工事が町の主な産業。観光業も盛んで、釣り、海水浴、ヨット、ウインドサーフィンなど、京阪神から日帰りで行けるリゾートとして賑わう。

山崎五紀が幼いころの家島にはスーパーやデパートはおろか、パチンコ屋もなかった。信号もなく、まだ電話が設置されていなかった。島の中には幼稚園、小学校、中学校、高校まで、それぞれ一校ずつ。親戚も多く、みんな顔見知り。面積も世間も狭い島だった。

父の石男《いしお》がこの島の生まれで、母の貞子《さだこ》が姫路です。父も母も大正十三年二月誕生。親のヒストリーは、うーん、よくわからないんですよ。そういうこと話す家じゃなかったし。

うちは親の誕生日にプレゼントを贈るとか、したことない。もちろん私もしてもらったことないし。ただ、長男は母が十五歳のときに産んでるの。長女がそれを調べようとしたんだけど、途絶えちゃった。両親は一年の間にふたりとも死んじゃったの。だから一緒にいるべくした夫婦なんじゃないかと思って。父が一月二十三日、母が十一月十七日。父は肝硬変、母は癌だったんです。

兄弟は母方のステップ・ブラザー（step-brother＝親の再婚による継《まま》の関係）がひとりいまして、これが長男です。苗字は違うんです。もっと細かく言うと、これが理解に苦しむいきさつなんですけどね、その下に父と母の間にできた子が六人。一番上が男、その下の五人は女ですね。私はいちばん下です。長女と私は十歳違います。

ステップ・ブラザーじゃなくって、私たちと両親とも同じのいちばん上の兄はずっと放浪してた。放浪癖があったのね。ずーっとどこにいるかわかんなくて、ひょっこり帰ってきたりとか。その繰り返し。

一番上の兄の長女が学年だと二コ下なんですよね。中学だと私が三年生のとき姪が一年生でしょ。その姪が中一で入ってきたときには、私がいたから学校でいじめられなくてすんでよかったなんて言ってましたね。

五紀の兄弟姉妹は六人。俊一《しゅんいち》、松代《まつよ》、知恵《ともえ》、波紀《なみき》、加代美《かよみ》、末っ子が五紀。上に母が十五歳のとき出産した前夫との間の男の子がいる。昭和四十年代の夫婦あたりの子どもの数は二人が中心で、せいぜい三人。五紀がものごころついたころには、父は肝臓を患い、働けなくなっていた。末っ子だからといって、特別に大事にされ、甘やかされるということはなかった。

「ちょっと失礼して……」

山崎五紀は飛佑磨に授乳を始めた。

「クリスマス前にはしかになって、またおっぱいに戻っちゃったんです。」お母さんの胸に抱かれて、やっと安心したのか、飛佑磨はようやく落ち着いた。子どもだけでなく母の表情も穏やかになった。

家自体が裕福な家庭ではなかったから。

生活保護受けてたし、電話とかお風呂とかなかったし。

私たちの世代って、今に近い生活じゃないですか。電話だってお風呂だってどこの家にでもある。お父さんが働いて稼いで食べさせる。だけどうちは昔っぽいんですよ。

父はお酒飲んで身体を壊して、母が生活保護のなかでやりくりして、お金借りてきて生活してた。まわりの子どもはみんな月いくらの小遣いをもらってても、私はもらったことないし。家の手伝いをしないと怒られてた。

中学校は学校のチャイムが聞こえるくらい近い距離にあったのね。私はスポーツが好きだったから部活するでしょう。来るの！　酔っ払って、学校に！　父が。

父は漁師だったんだけど。お酒で早く身体を悪くしちゃって、働けなくなっちゃって。父親の思い出って、十歳違いいちばん上の姉は、私とまったく正反対だって言ってましたね。その姉が幼いときは、父の乗った船を堤防のところまで迎えに行って、手を振ってた、だからあんたは可哀想だって。

二番目、三番目、四番目と三歳離れてて、四番目と私は年子です。私は一月生まれだから早生まれで、すぐ上の姉は五月生まれなんですよ。上から三番目のお姉ちゃんは、途中から姫路に行った。視力がすごく低くて、母が手に職をつけといたほうが大きくなってから困らないって、盲学校に入れてマッサージの勉強をさせたんだけど、本人には合わなかったみたいで、結局やめてしまって。

四人の姉がほとんど私のめんどうを見てくれてた。いちばん上の姉といちばん気が合ってたかな。年が離れてたのもあるし、性格が似てたというか。もう、何でも話せた。私はその姉に育ててもらったようなもん。学校へ行くと逆に怒られてたって。兄弟のめんどうみないで、って。

父がお酒飲んで暴れるでしょ。母は逃げちゃうの。親戚の家に隠れてて、そこへ姉は私をおんぶして行ってお尻をつねって泣かせて「五紀が泣いてるから早く帰ってきて」って母に言う。そんなことも何度もやった。

父は雪駄をはいてたんですよ。だから寝てても、摺り足の音ですぐわかる。すごく神経質な人だったから、酔っ払って帰ってきても起こされて、母がそんなに掃除上手な人じゃなかったから「こうやってやるんだ」って怒ったりね。お茶碗、投げたりしてた。

私が小っちゃいとき、自転車を玄関のところに乗りっぱなしにして止めたのね。

そしたら父が酔っ払って帰ってきて、母を外で突き飛ばしたかなんかしてペダルに当たって額が切れちゃったことがあるの。すごい兄弟からブーイングされた。お前が悪いんだって。

家のなかにトイレがあったんですよ。台所と同じ場所にあったから、母が嫌だって、もう一か所、外にトイレを作ったの。まだ水洗便所じゃない。父が帰ってきたとき、工事中のそのトイレに兄弟姉妹で隠れたこと、ある。「きたきたっ、ここならわかんないだろう」って。だから身体がガクガク震えるのは何度か経験しててね。お酒飲む人とは、絶対、結婚しない、とか思ってたけど、自分が飲んじゃってたっていう。血は争えないな。

その当時は暴力をふるう父親って当たり前みたいにいたからね。

家庭内暴力も児童虐待も、事実としてはあるのに、そういう見方はまだ浸透していなかった。父親の暴力は妻や子どもが耐え忍ぶものだった。アルコール依存症のサナトリウムも身近なものではなく、五紀にできることは、じっと父の酔いが醒めるまで待つだけだった。

やがて五紀の父は糖尿病にかかって姫路の病院へ通うようになる。

ひどい父だと思うことがあっても、入院すると帰ってくるのが嬉しかった（羽佐間聡『翔べ！

ＪＢエンジェルス』新成出版局）。母が家をあけているあいだ、洗濯、掃除、食事のしたく、家事いっさいをこなし、五紀を風呂に入れ寝かしつけたのは長女の松代だった。

私が中学に入ってから、父は糖尿病に罹《かか》ってた。糖が下がって意識不明になる発作が起こるようになってた。いきなりばたんって倒れたりとか、そういうのが出始めちゃったの。一度なんか身体が冷たくなってきてね。そんな父でも、母が泣きながら耳元で叫んで、兄や姉みんな泣きながら父の身体をさすったのを覚えてますね。ああ、こりゃもう棺おけに片足突っ込んでるって。父は酒飲みだから甘いの嫌いなのね。辛いのは０Ｋなんだけど。そのとき医者が口のなかに角砂糖、いっぱい入れたの。そんなときでも自分の舌で押し出すのよね、甘いから。それをお湯で溶かしてシロップみたいにして流しこんで。意識が戻ると何も覚えてない。飲むと変わっちゃうけど、飲まなかったら、すごく優しくて。嫌いではなかったですね。

今もね、ダディ（夫＝永井勇巳）が酔っ払って帰ってきて、子どもとじゃれたがるでしょう？　だけどほら、力加減がわからなくて泣かせちゃったりすると、すごく嫌なの。

ともかくすごく嫌だった。

中学生にもなればちょうど思春期というか反抗期というか……。

隣に親戚が住んでて、そこに電話があったから、父がどこどこの酒屋さんで飲んで酔っぱらって寝てるから迎えに来いとか、かかってくる。そういうのが、すごく、ヤだったの。

もう、早く社会人になりたくて。

高校進学、「どうするんだ」っていわれて、考えたんだけど。島にも高校がある。そうするとまた三年間、島にいなきゃなんないでしょ。それがほんとにもう、嫌で嫌で。

プロレスラーになりたかったわけじゃないの。

そういう気持ちだった。

姫路とか神戸とか大阪とかいっても関西区内に入るでしょ。なんかあったらすぐに帰ってこなきゃいけない。だったら東京まで行かないと。

実家に最後まで残ったことで、五紀は経済的にも精神的にも苦労が多かった。

「大人になりたかったから。ウン。大人に、なりたかったですね。あたし、ちっちゃい子供ン

頃から大人になりたい思ってた」（井田真木子「Deluxeプロレス」一八八七年一月号）

家を出る、島から離れる、その思いにかられて、五紀が選んだ道が、女子プロレスだった。

五紀の運動神経は小学生のころからずば抜けていた。あまりに活発で、男の子と間違われることもあったという。五人姉妹の髪は両親のどちらかがおかっぱに切るのだが、五紀だけ床屋で刈り上げていた。

体育が得意だった。先生に必ず「前に出てお手本を見せてあげなさい」と言われるようになっていた。それが嬉しかった。運動会はいつも一位。中学生になってからは球技も陸上も学校代表だった。女子四百メートルリレーの兵庫県飾磨郡代表選手にも選ばれた。

知らず知らずのうちに五紀は自信をつけていったに違いない。

子どものころは花屋さん、中学生くらいになると体育の先生になりたかった。中学校の体育の先生が女の人で、すごくいい先生で、その人に憧れて。実際、二級下の子で体育教諭になった女の子がいますよ。

中学校は一学年三クラス、一クラス三十五人くらい。勉強は得意じゃなかったけどスポーツはかなりいってましたね。部活はバレーボールやったり、器械体操やったりね。三年間ずっと続けてやった競技はないです。なんでもとりあえずやってたの。スポーツは基本的にすべて好きでしたね。一年のとき器械体操部に入ってたんですけど、マット運動から始めて平均台になったとき、台から落っこちてやめました。中学二年の後半からはバレーボールもやったし。実は球技系は苦手。走るのは短距離が得意だった。

必修の全校クラブはサッカーやってた。顧問は男の先生なんだけど、ヘニャヘニャ先生で、さぼれるから。やりたくて入ったわけじゃない。アマチュア・レスリングも格闘技もまったく経験なし。ただスポーツ経験があるだけ。女子プロレスに入ってからのほうが、はるかに運動しましたね。

水泳の授業は海だった。小っちゃな船を泊める艀《はしけ》みたいなところ。もちろん足は届きません。そこに船の救助用の浮き輪を置いて飛び込むの。

中学時代は悪かったです。田舎の不良だからかわいいもんですけど。セーラー服の上はおへそが見えそうなくらい短くして、長いスカートはいて。片意地張ってた。家帰ると、父がお酒飲んでるでしょう。

学校にグループがあってね。他の子はみんな月いくらってお小遣いもらってるんだけど、私はもらってなかった。中学二、三年生になると、島にデパートがないから、「今度の日曜日、姫路行こう」って誘われるんですよ。学校が終わると、ちょっとした食堂みたいなところにインベーダ・ゲームの機械が置いてあって、そこにも行こうって誘われる。でも私はお金ないでしょう。だからどうしようかなってことになる。

父の妹、叔母がいて、肩をもむと、もみ賃をくれるんですよ。それを貯めて貯めて、ある日、私のほうから友だちを誘ったの。そしたらふだん行かないっていうのにおかしい、盗んだんじゃないかって噂がぱーっと広がったんですよ。それで同じグループの子は離れてった。あのときはなんだこいつら、と思いましたけどね。そしたら他のグループの子が誘いに来てくれた。家と学校が近くて、みんなの通り道だったから。友だち多かったし。そういう変な噂を流した友だちも卒業式の日には私に謝りに来たから、今はもういいかなって思ってますけど、そのときは貧乏の惨めさを感じました。

お金があれば、小遣いもらってれば疑われなかったのに。だけど、そこで家庭内暴力するとか、そういうことはなかったの。自分なりに家庭の事情を理解してたから。母の大変さはわかってた。だって幼稚園あがるころからそういう生活だったから。それでも中学に進学するときにセーラー服を新調してくれたり、ささやかなものだったけど、私に対する愛情は感じてたから。できる限りの借金して、ちょっと返してはまた借りてきて、返せないのもあったと思うけど、してくれた。兄の長女が私と二歳しか違わないんだけど、暮らしはだいぶ違った。兄は会社を作ってたから人並みの生活をしてたんですよ。

こういう家庭で育って身についたのは忍耐と根性だけ。

体格ですか？　どっちかっていうとよかったかな？　身長は百六十五センチ。中学から変わんないの。身長百六十五センチの、体重は六十二から三キロ。新人のときにぶーって太って、そのあと今度は絞って。自然と。だから変わんないですよ、体形は。

父が相撲とプロレスが大好きだったの。それで、男子プロレスとか相撲とか、いつも見てた。ドリフターズの番組に女子プロレスの人が出てて、リングサイドから、こう、足、引っ張られて、バーンって前の受身とったりしてるの見て、あぁ、これだったらできるって。兄弟姉妹がいっぱいいて、ひとりぐらいテレビに出る人間がいてもいいんじゃないかっていう思いもあった。私は歌手や女優なんかできない。でも身体使うことが好きで、テレビつけたら女子プロレスやってたんで、あ、これだったらできる、やろうと。

当時はザ・ドリフターズの全盛期。土曜日夜八時放映の「八時だヨ!全員集合」は平均視聴率三十パーセント以上で怪物番組と呼ばれた。ドリフと共にブームになっていたのが女子プロレス。五紀はテレビで試合を見ながら興味を強めていった。最終的に女子プロレスラーになろうと自分の心に決めたのは、両親と姫路で女子プロレスを観戦したときだった。もちろんなろうと思って誰でもなれるものではない。

ここで女子プロレスの歴史を振り返っておこう。

『プロレス少女伝説』(井田真木子、文春ウェブ文庫)によると、日本初のプロレス興行があったとされるのは一九五一年。男子の試合である。ところが、日本の女子プロレスは、男子プロレスから派生したというより、江戸時代から行われていた女相撲や座頭相撲の影響が大きいという。女相撲は上半身裸で戦われたが、昔から試合の幕間に歌や踊りを披露していた。この伝統があったから、試合の前に選手が歌って踊るショー的な興行形式が誕生した。そしてそれがファンに違和感なく受け入れられたのも、女相撲の伝統があったからこそ。江戸時代の女相撲も女子プロレスと同じように、男性より女性の心をつかんだ。自分の村にきた試合を見て、そのまま家出して興行についていった若妻もいた。いっぽう、アメリカの女子プロレスは、一九三〇年に試合の公式記録が残っている。こちらは男子プロレスの幕間的な意味を持っていた。ことプロレスに関しては、女性の進出は日本のほうがアメリカより時期的にも早く、男子とは別の自立した団体が立ち上げられていたわけだ。

日本の女子プロレスも、家島の少女が夢中になって見るブームになるまでには不遇の時代があった。

日本女子プロレスの誕生は一九四八年。パン猪狩《いがり》、ショパン猪狩の二人の芸人が立ち上げた。ところが一九五五年、風俗上好ましくないという理由で興行が拒否され、下火になる。全日本女子プロレス協会が立ち上げられたのは十三年後の一九六八年。さらに六年後の一九七四年、マッハ文朱《ふみあけ》がデビューし、最初の女子プロレス・ブームが起こった。

五紀がテレビにかじりついて女子プロレスを見ていたのは、この頃からである。

マッハ文朱は初期の女子プロレスを盛り上げたスター選手。最初は歌手を目指していた。人気のオーディション番組「スター誕生」に出場、決勝戦まで勝ち進み、山口百恵と競って敗れ、二年後、十五歳で全日本女子プロレスに入門した。百八十センチという長身を活かし、昭和五十年にはWWWAヘビー級チャンピオンとなるが、わずか一年後の二月に現役引退。その後、ダイエットして女優に転身し、伊丹十三監督の「マルサの女」シリーズで国税局査察官を演じた。平成元年秋からロサンゼルスのペッパーダイン大学、南カリフォルニア大学経済学部で学び、現在もタレントとして活躍している。芸能界に転身して成功した最初の女子プロレスラーといっていいだろう。

マッハ文朱が火をつけた女子プロレスのブームは、三年後の一九七七年、マキ上田とジャッキー佐藤のビューティ・ペアが巻き起こした爆発的な第二次ブームへとつながっていく。五紀が十代前半のその時期、ブームは下火になり、女子プロレスじたい人気は低迷していた。ファンは新しいスターの登場を待っていた。

家島の夏の風物として有名なのは毎年七月二四、二五日の天神祭り。太宰府に左遷される菅原道真が途中で家島に立ち寄ったことから、家島神社という天神さまが祭られ、千年も昔から行われてきた。壇尻《だんじり》船の上で獅子舞が奉納され夜には千発もの花火が打ち上げられる。

天神祭りの喧騒のなかで、五紀の人生のゴングは鳴っていた。それはあまりにも小さな音だった。本人すら気づいていなかっただろう。

そのとき、山崎五紀は十四歳。やや早い本格的な人生の幕開けだった。

家島の夏祭りにマッハ文朱《ふみあけ》さんがゲストで来てね。船の上で獅子舞やったりするんだけど、船頭してた人がいちばん上の兄の友だちで、それで連絡先わかるから、女子プロレスラーになるにはどうしたらいいかマッハさんに聞いてくれて。

それで履歴書というか、オーディションの申し込みを書いて送った。

姉なんか、五紀がそこまで言ってるんだったら、とりあえずオーディションを受けさせよう。受かりっこないから、落ちれば本人もあきらめるだろう、と、そのくらいに思ってたらしい。

親は私を東京に連れていけないから、オーディションはいちばん上の姉が連れてってくれた。

それだけで、すごくもう、満足でしたよ、自分のなかでは。やった、っていう感じ？　でも、自分は落ちないと思ったの。


五紀は口にこそ出さなかったが必ず合格してみせるという強い気持ちがあった。だから、どんなに周囲に忠告されても、高校の願書も出さず、就職も探さなかった。その思いのとおり、一次選考、二次選考と順調にパスし、最終候補者五十八名のひとりに残った。

そして、東京でのオーディションの朝。

五紀は姉と一緒に、喫茶店でオーディションの開始を待っていた。そこにもうひとり、セーラー服姿の少女がいた。立野記代である。

後にタッグに組み、やがて姉妹のような関係になる、ふたりの少女の出会いだった。


オーディションのとき、制服のセーラー服で来てたの、記代と私だけだった。

あとはみんな私服。だから、ああ、この子は私と同じだな、って思ったの、覚えてる。

会場はフジテレビだった。主催は全日本女子プロレス株式会社なんだけど、ついてたテレビがフジテレビで、審査するのは松永ファミリーです。オーディションするのに場所がないから、フジテレビのスタジオを借りてたんでしょうね。

女子プロレスの低迷期で、書類選考の応募者が三百人くらいしかいなかったの。二百八十人……三百人いたか、いなかったくらい。

オーディションでは腕立てとか腹筋とかやらされた。あとは自己PR。得意技をひとつやってくださいって言われたから、倒立前転やったの。器械体操やってたから。

オーディションではブル（中野）ちゃんとも一緒だったの。彼女はまだ中学一年生だった。それで卒業してから入社ってことになった。彼女が私たちと同じ年だったら同期になってたんですよね。

そして、五紀は合格した。最終面接につきそった次女の恋人（後の夫）はめんくらったが、家族で反対する者はいなかった。

五紀は昭和五六年に中学校を卒業し、家島を出た。

寮に入ったのは三月二日のことだった。


それでオーディションに受かって。中学を卒業して、晴れて上京しました。十五歳のとき。

七人オーディションに受かって、寮に入ったのが四人かな。

兄やそのほかの兄弟姉妹からの金銭的な援助はなかった。上の姉が高校へ行くとき、兄はお金を出したみたいだけど。親がまだいたし。上の姉たちはみんなもう島を出て、姫路のほうで働いてたの。近いからしょっちゅう帰ってきてたけど。

寮に入るとき、お布団とかいろいろ持ってかなきゃなんないんだけど、お金がないから、二番目の姉が今の旦那さんと、その当時はまだ結婚してなかったんだけどね、ふたりで一緒に車で送ってくれた。その姉は、そのときの私はあっさりしたもんだったって言ってましたよ。バイバイ、っていって。荷物、下ろして、恥ずかしがることもなく、あっさり車を降りてったって。

ホームシック？　ならなかった。だって出たくて出たんですもん。

東京に出てすぐ、関西弁、喋ってなかった。

この道を選んだことでの反対はありませんでした。デビューしてからは、地元の姫路に興行に行くと、家族が見に来てましたよ。年に一回は来た。
全女に入ったときは五年で辞めるつもりだったの。結婚願望がすごくあったから。スター選手とかチャンピオンになるぞとか、そんな夢はさらさらなかった。長くできる仕事じゃないなって思ってた。だから五年でやめて、二十歳《はたち》で彼氏を見つけて、二十一歳くらいで若いお母さんになりたかった。なかなか思うようにいかないもんですね。

正式には、株式会社全日本女子プロレス興業（全女）に入社したことになる。全女は典型的な家族経営。専務は長男の松永健司、次男の高司は社長、三男の国松（ジミー加山）、四男の俊国が常務だった。肩書きは何であれ、レフリーとしてリングに立ち、地方へ行くときにはバスの運転し、裏方として全女を支える。

全女のオーナーは松永ファミリー。兄弟なんです。家族でやってる。私たちの時代は次男が取締役社長。下の弟ふたりはマネージャーでマッチメイクを決めたりしてた。長男の健司さん、三男の国松さん、みんなレフリーやってました。レスラーの経験はないけど、柔道とかボクシングとかを、プロではないけどやってたらしい。どうして女子プロレスを立ち上げたのか知らない。最初はドサ回りやってたんですって。女きょうだいもいるけど、男性がきりもりしてました。姉妹や姪にはレスラーもいました。

松永さんの尊敬できるところは、女子プロレスを作ったこと。兄弟でみんな性格も違ったけど大らかさはありますね。全女じたいが家族で、松永さんがお父さんみたいな感じだから、遠慮するっていうのはなかったですよね。

選手はみんな若いころから入ってるから、存在的には家族みたいな感覚。控え室に入ってきても平気。社長なんか「汚ねぇもん、見せるな」なんて、恥ずかしがって出て行くぐらいで、いても着替えられるし。個性的な飾らない人たちだったんで、上司としては気さくに話しができたかな。

激戦のオーディションをパスし、五紀が期待に胸をふくらませて入門した全女だったが、その経営は悪化していた。ビューティ・ペアのブームも下火になり、女子プロレスの興行収入は下降していた。

そんなことはまったく知らず、五紀は下目黒の寮に入った。

新人たちが事務所の職員に言われたのは、「この寮は不動産屋に売りに出していて買い手までついてる。入るのはいいけど、いつでも出られるように荷物をまとめとけ」ということだった。彼女たちは深刻に考えていなかったが、それは冗談でも軽口でもなく、寮も練習場も売りに出されていた。

新人のころは、とにかくやることが多かった。リング掃除して、パンフレット売りに会場を歩き回んなきゃなんないし。仕事が多かったよね。興行は、手打ち、自分とこの会社でやる興行は会社のみんなが行って、売店で物売ったりしてた。今でもやってるけど、焼きそば焼いたりとか。

入門はビューティ・ペアの後。女子プロレスの人気は下火で「お前らなんで入ってくんの？　こんなつぶれるような時に入ってきた奴の気がしれない」って、興行師の人に言われたくらい経営状態が悪かった。人件費節約でね、夏だと野外で試合あるじゃない、会場作りも私たちがやってたの。アスファルトに杭、刺して。だから長靴、合羽は持参。地方なんか行くと、先輩より先にトラックに振り分けて乗っててね。

1981年入門当時オーディション合格組同期７人と。左から立野、五紀、小松原浩美、ブル中野、浅見美樹。

一般的に、日本の体育会系の運動部は、先輩後輩、上下関係をきっちりつける厳格なタテ社会。一年先に入っただけでも、先輩は先輩。敬語を使い、後輩は先輩に逆えない。全女もそうだった。後輩から先輩に話しかけるのはご法度。後輩が何か喋りかけたとしても、先輩から返事さえもらえず、うなずいてくれただけで嬉しい。それが当たり前だった。

少女たちの生活面の指導をしたのも先輩だった。そのひとりが熊野マミ。たまたま五紀と同じ家島出身だった。

ほぼ同時期に入門したダンプ松本は、後のインタビューで、移動のバスで下着を干すときは周りをタオルで隠すようにしつけた先輩として熊野マミの名前をあげている。同じインタビューでダンプ松本は、車中では、ジャッキー佐藤ら先輩が眠っていたら物音ひとつ立てられず、小声で喋ることはおろか、お菓子を食べることも一切できなかったという。

そのころ全日本女子プロレスでは、年間三百試合以上という超人的なスケジュールをこなしていた。今からだと考えられない過密さだ。試合の翌日はもう移動という慌しい生活だから洗濯する暇もない。移動のバスに下着やリングウェアを干すしかなかった。

少女たちの下着や水着をつるして、町から町へとバスは走った。

熊野マミさんはすごくがんばり屋。姫路に全女が興行で来たときに頼んで、そのまんまバスに乗って巡業、回っちゃったんだって。私の上から二番目のお姉ちゃんと同級生なんですよ。家島には幼稚園、小学校、中学校、ぜんぶ一校ずつだから、いまだに会うと立ち話とかするんですけど。そのマミさんが、私が入ったときには、天の上、雲の上の人だった。

マミさんは理にかなったことを言う人。人によったら、納得できない怒り方をする人もいたけど、マミさんの叱ることは納得できましたね、何でも。ただ、同郷だからっていって、わけへだても特別扱いもなかった。人間がちゃんとしてたんでしょうね。ダンプ松本もいい人だって言ってたように、慕われるタイプの人でした。

入門当時の全女は今より、もっともっとタテ社会でしたね。怖くはないんだけど、極端に言うと軍隊みたいで、下手な会社より厳しかったですから。

私が入った年って、オールスターメンバーが揃ってた。マキ上田さんは引退してたけど、ジャッキー佐藤さんがまだいた。ヒール（悪役）では池下ゆみさんがいた。デビル雅美さんが若手でしたからね。トップの先輩にはまず口きいてもらえない。挨拶しても返事してもらえない。

ジャッキー佐藤さんが一番上でした。胃癌で四十歳そこそこで亡くなったんだけどね。稽古は数えるほどしかつけてもらったことなかった。その他に新人のめんどうをみる先輩はたくさんいたから。バスは一緒でもぜんぜん待遇が違うの。シートも二人がけのを四つ使って、テーブルがあって、みたいな。私が入門して一年くらいでやめちゃったんだけど、新人時代はもちろん、ずっと後でジャパン女子に移ってからも交流なんて全くなかったです。

試合会場にバスが着いて、自分たちで会場設営して、できたら練習でしょ、体育館なんかでね、リングでワイヤー締めながら、「あ、だれだれ先輩、出てきた」って緊張するの。ジャッキーさんとか、上のほうの人が出てくると怖いのよ。もう、なにが始まるんだろう、って。トレーニングじたいが怖いの。

口すすぐ水なんてね、やることいっぱいあるから忘れちゃうことあるんだけど、「水！」っていわれて「ハイッ」って、なかったときにはもう、血の気、引きますよ。殴られこそしないけどすごく怒られる。廊下で次の人の試合のコスチューム持ってるんだけどね、そういうときは、控え室入れないの。怖くて。

今はスター選手に一人か二人、新人がついてやってるけど、そのときは誰かについてってことはなかった。歌、唄ってる人の世話だけ。衣装の世話とか、小間使いね。「なんとかとなんとか買ってきて」とか。

ミミ萩原さんが歌唄っててそのお世話も新人の仕事の一環でした。付き人っていう感じではなかったんだけど。

ミミさんは雰囲気はお嬢さまっていう感じなんだけど、すごく努力家。一所懸命、練習してましたね。身体が細かったでしょう、だから。ある程度、上になるとみんなひとりで練習するんだけど、たまに一緒に投げ技の練習しましたね。今でこそホリプロがからんだり、いろんな分野からプロレスラーになるけど、その当時、タレントからプロレスラーになった人はミミさんだけですよね。逆にプロレスラーからタレントになった人は出ましたけどね。

そんなにプライベートでおつきあいはなかったですけど、デビューして三年目ぐらいのときだったかな、犬を飼うにあたって、何回かご自宅にお邪魔したことはありますね。広尾でお母さんと一緒に住んでらして、血統書つきのポメラニアンをメス、オス、二匹飼ってたの。すっごく賢い犬。その二匹がかかって、子どもが生まれたんで、誰か飼わないいって言われて見に行ったの。それがすごくハンサムで。私がオス一匹、田口かほるがメス一匹、八万円で譲ってもらったんです。「バーベキューやるからおいで」って呼んでもらったこともあります。

デビル雅美さんやジャンボ堀さんの世代になると、ずっと近くなって、一緒にバカやったりしてました。やっぱりデビル雅美さんも最初は怖かった。今も帰国したら会うんですけどね。お姉さんてことになると、クラッシュ・ギャルズやダンプ松本とか、一年上の先輩。もうかなり上って感じ。まだ雑用やリング作り一緒にやったから、こういうときはこうやるんだよって教えてもらったりとかした。片付けも一緒にやった。

ジャッキー佐藤さんがいたころは選手が大勢いたの。A班B班二チームに分かれて興行してた。広島市体育館の試合から合併してひとつになっちゃった。ずっと二チームに分かれてやってたでしょ。ナンシー久美さんと熊野マミさんなんかは、前から仲よかったから、すんなりやってたけど、やっぱり気が合わない人って、いるわけじゃないですか。大変だったみたい。バスも一台に全員乗るでしょ。

こういうと、女子プロレスって特殊な世界だと思うかもしれないけど、OLと同じかもしれない。宝塚の友だちもいるけどノリは一緒かな。

私は人間関係は問題なかったな。私へのイジメはなかったね。というか、イジメだって受けとめなかったのかもしれない。仕事ができなかったら怒られて当たりまえだと思うし。頼まれたものを忘れて怒られれば、それも自分がいけないんだし。

キャリアを積んでいくと、自分がすべての面において成長するじゃないですか。一人前になってくると、先輩たちの接し方も変わっていきましたよ。認めるところは認めてくれ、そうじゃない点は違うって言ってくれる。

会社は経営難、人間関係はピラミッド型で自分は最も下。五紀が飛び込んだ女子プロレスの現場に、テレビに映る華やかな世界はなかった。

それでも、今思うと、いい青春時代でしたね。現役時代はとにかく充実してた。今、振り返ると楽しかった。大変だったことは忘れていきますね。細かいことは忘れました。

とにかく、練習がきつかったことだけは、よく覚えてる。入門した後は三か月間、トレーニング。寮に住みこんで。うん、練習はきつい。ハンパじゃなく、きつい。

当時なんて地方なんか行くと洋式トイレがないでしょう? 和式トイレ使ったら、もう大変。座ると立てないの。足は大根が腐ったみたいになって。昔はジャージのパンツの裾にチャックあったでしょ。あれが下がんなかった。足が腫れて。

それはそれは、もう、壮絶なトレーニングでした。
いまの子はどういう練習してるのかわかんないけど。私の新人時代は、星飛雄馬じゃないけども、根性がないと……ほんともう、なにくそって思わないと、できない練習だった。

とうとう飛佑磨が泣き始めた。
山崎五紀は永井五紀の顔になって、何気ない日常へ戻っていった。

東京 ♣2

——スター選手への坂道

1986年12月６日JBエンジェルス、シングル第３弾「星屑のダンス天国」を披露（後楽園）

誰にでもサンドイッチにぬった辛子のような年がある。

◆

映画「サンドイッチの年」に出てくる台詞だ。

山崎五紀にとっては一九八三（昭和五八）年がそうだった。まだ十八歳。全日本女子プロレスに入門して三年目、プロとしてのデビューから二年。新人から中堅へと成長し、スター選手への階段を着々と登り始めていた。

一月二三日に父が亡くなった、その年の一一月一七日。

五紀は母の訃報を新潟の試合会場で聞いた。秋の日本海沿岸独特の激しい風雨が吹きつけていた。五紀はクラッシュ・ギャルズとのメイン・イベントを控え、前の試合で後輩のセコンドについていた。新人選手がそっと五紀の耳もとで母が亡くなったことを告げた。

実感がわかなかった。しばらく動くことも喋ることもできなかった。母の体調がすぐれないことは耳に入ってはいたが、その夜、急変するとは思いもかけなかった。病気がちだった父の介護の苦労が一段落した母を、もっと大事にしたいと考えていた。控え室で五紀は声を殺して泣いた。周囲にいた他の選手のほうが激しく泣いていた。さすがに松永高司社長は試合しなくていい、と五紀に言った、しかし。

五紀は予定通りクラッシュ・ギャルズとの対戦をこなした。

プロとしての意識が五紀を支えていた。五紀はいつもの速い動きで見ごたえのある試合を行ったが、クラッシュ・ギャルズの勝利で終わった。

精一杯、試合をつとめることが、五紀なりの母への供養だった。

翌朝、五紀は故郷、家島へと向かった。

あれから十年以上の年月が流れた。山崎五紀は両親の命日の前によく夢をよく見るのだという。

二度目のインタビューは、夢の話から始まった。

何かが見えるっていうんじゃないけど、勘はけっこう働くよね。今日あの人に会いそうだな、と思うと必ず会ってる。

たとえば、親の命日が近づくと、忘れてても、必ず夢に見るの。

夕べも見た。今回はすっごい変な夢で。誰か友だちが一緒で、無人の八百屋さんてあるでしょう、そこにいるの。私がニューヨークから帰ったばっかりで円を持ってなくて、でも何か買ってるのね。「私、ドルしかないから」て言うと、友だちが「いいんだよ、誰もいないからお金なんか置いてかなくても」。「いや、それじゃよくないよ。ドルしかないけど、二ドル置いてきますね」って、今度は普通の家に入っていくの。そこには子ども部屋があって、乗って遊ぶおもちゃあるでしょう、自動車とか。それが勝手に動いてるの。「なんだ、動いてるよ」って言ったら、「そうだよ、ここ、おばけ屋敷なんだもん」って友だちが言うのね。「えーっ、出ようよ」って言いながら、廊下をずーっと歩いてたら、ひゅって、こう、子どもが顔出すのね。で、こうやって振り向いたら、三、四歳の男の子なの。ショートカットのね。それで、ぱーっと側に来て、私のこと手招きして、隣の違う部屋に連れて行くのね。喋んないの。こっちこっちって手招きして。なぜか怖くないの、全然。そいで、その部屋に入ったら、がらんとして何にもなくて。もちろん古いんだけど。その子がジェスチャーで鼻で息吸って、部屋の隅に行けって言うの、私に。部屋の隅に行ったら、いきなり大きなスクリーンみたいなのが急に出てくんの、バーン、って。そしたら、自分の小っちゃいころの白黒のフィルムが映ってる。私のすごく小っちゃいころの写真。小学校五、六年生とか中学生かなあ。「うわー、わっかーい」とか私は言ってるのね、自分で。そこでパッと横向いたらうちのお父さんがいて、「うわー、お父ちゃんもわかーい」って言って。それで目が覚めた。でも、目を開けたら、何かいそうで。気配を感じた。ま、いいかと思いながら、でも気持ちが半々で、今、寝るのやめようと思って、夜中の一時くらいまでビデオ見てた。

朝、瑠夏に「昨日すっごい変な夢見てさ」って話したの。「うんうん」て娘が聞いてて、「そいでさ、家島のおじいちゃんも出てきてさ」って話してるときも、私はまだ命日忘れてるのね。いつもだからね、命日前に夢に出てくるのね。

父は、お酒を飲めば嫌だっただけで、ふだんはやさしい人だった。いいとこも悪いとこもあって……悪いとこばっかじゃなかった。うん。亡くして初めてわかったというか。

母の夢は、最近は見ないですね。

死んだ当初、何年も、夢に出てくるとき、父と母はすごく対照的だったの。父は若いころの父でしか出てこないで、母はいまにも自殺しそうな母。顔から血、流してたり。父が母に手あげてるとこを見てたからかわかんないけど。でも、最近はないな。あんまり夢に出てくるのもよくないんだよって聞くけど。父は命日前にひょっこり出てくる。

こんなこと言うと瑠夏なんて涙ぐむんですけど、私、そんなに長生きしなくていいと思うんです。自分の親に会える世界があるって思ってるから、それはそれで楽しみだなって思うの。

両親があいついで亡くなった年、私は十八歳でしたからね。あと二年、三年、生きてくれれば、大事にしてあげられたのに。

五紀さんは早くから自立して偉いねって言われることもあるけど、親を頼るのも親孝行よ、って思うんですよね。

親って、喧嘩しても修復できる。友だちだったら絶縁になる可能性だってあるし、顔も見たくなくなるかもしれない。

ああいう親でも私はすごく好きでしたね。血が繋がってるから。養子でもそういう気持ちになる人もいるでしょうけど。ダディの両親ともしなにかあったら、やっぱり溝ができるでしょう。関係を深めるのに時間がかかる。

そうはいっても、ファミリーの成り行きを考えると、生きてたら生きてたで大変だったんじゃないかな。難しいけど現実的にいないから、今はそう思える。亡くして初めてわかる大切さと、亡くさないとわからない思いやり。いなくなるとトゥー・レイト（too late=遅すぎる）でしょ。

兄姉の関係と親との関係ってぜんぜん違うと思うんですよ。たくさんいても、やっぱり考え方が違うし。

お墓参り、好きなんですよ。母がお墓をすごく大事にしてたから。日本に帰ったら家島には必ずお墓参りに帰りますね。東京にいたころもそうだった。クリスマスかお盆には必ず。姉（次女・知恵《ともえ》）もステップ・ブラザーもいるし。ここんとこ、兄姉の仲があまりうまくいってなくて、お墓参りできない。私はうちの子はこういう所に置きたくないって思ったから、帰らないよ、って。それまでは毎年帰ってましたからね。お墓参りに行けないのがいちばん辛いです。みんなもっと仲よくできないのかなっていうのはありますよね。

そのかわり、記代や現役時代の同期とはすんごく仲いい。アメリカに来たら一緒のベッドに寝るくらい。姉妹以上だよね。

でも、私と記代、最初はただの同期って感じ。こんなに仲よかったわけじゃないんだけどね。

五紀と一緒にマンションの地下の倉庫《ストレージ》にしまいこまれた現役時代の資料を探していると、大量のビデオや雑誌に混じって、ダンプ松本手製のアルバムが出てきた。写真をレイアウトし、週刊誌の見出しを切ってつけてある。五紀は懐かしそうに長い時間をかけてそれを見ていた。

これはまだ極悪同盟の前、一緒に寮にいたころだから。寮生活では一緒にご飯食べたり。ほら、一年先輩だから、寮を出てもけっこう出入りするじゃないですか。ダンプちゃんはけっこうマメなんですよ。見た目と違って手先も器用で。絵描いたり、字書いたり、縫い物とか料理もする。アルバムもね、こうやってやるとおもしろいんじゃない、って作ってくれました。

年はダンプちゃんのほうがひとつ上。クラッシュの同期です。その代は、ダンプちゃん、クラッシュ・ギャルズ、大森ゆかり、クレーン・ユウ、五人残ったのかな。その代はレスラーの人数が多かったんですよね。

ちょうど寮を出る人がいっぱいいて。私たちの後に二期ぐらい後輩がいたんだけど、辞めて空いちゃったの。下から入ってこないから寮にいられるでしょ。だから私は他の代の人より長く寮にいましたよ。三年ぐらいだったかな。

寮に入るとき、食事はこっちで用意しますって会社から言われて、うちの姉も安心してたのね。新人は給料が五万円なのね。お米と光熱費、地方に出かけたときの弁当は会社側が持ったけど、寮費を五千円引かれて、税金引かれてってていったら、手元に三万円ちょっとしか残らない。それで一か月やるんですよ、スポーツ選手が。新人のリングシューズは白って決まってたんだけど、それが一万五千円くらいしてたからね。会社からは支給されない、自分で買うの。コスチュームは先輩のお古。プロテストに合格してリングにあがるまで、そんな調子だった。だって、チャコットなんかで、ちょっと変わった水着を買っても一枚五千円はする。オーダーだと水着が三万円、ガウンは七万円、立派なのは十万円以上でしょう。テレビで自分の試合が流れるようになると費用も馬鹿にならなかった。週三回放映されて、テレビで流れたら、同じのを二度は着なかったから。

リングウェアは自分で考える。スタイリストなんていない。リングシューズもウェアも業者が来るんだけど、衣装をオーダーするときは、デビル雅美さんが上手だったんで、絵、描いてもらった。オーダーだとやり直ししてくれないから一回勝負。ブランドものの洋服なんかで、こういうのだったらコスチュームになるなって買ったり。スモーク・サーモンのエンビはノーマ・カマリ。Gジャンもエンビも普通のブティックで買った。記代が見つけてきたの。アメリカ遠征のときのコスチュームは私。

三禁？　男、酒、煙草、一切禁止、っていうのはありましたよ。全女のイメージとしてね。会社側としては、大事なよその子どもを預かってる感覚じゃないですか。でも、実際は守ってる子、いなかったんじゃないかな。だけど、そういうことで試合に穴をあけることもなかった。だって、そういう点は自分できっちりしとかないと。大げさに言っちゃえばプロの自覚がないと生き残れない。

お酒は飲めなかったけど、飲まされて飲めるようになった。せいぜい寮で隠れて宴会やったりするくらい。慣れると新宿や六本木に行くようになって、すんごい楽しかった。こそこそ隠れて寮に帰った。どきどきしながら。そういうことに関してはマジメではなかったな。異性関係はマジメ。新人時代は男性と知り合うチャンスもないし。

ちゃんと試合できるようになってからは、交際した人はいますよ。私はひとりの人とのおつきあいが長く続くほう。二股とか考えられない。ボーイフレンドがたくさんいたわけじゃないけど、みんないい人だった。ひとりを除いては。その男性にはまとまったお金を貸したの。一度返済してくれたから大丈夫だと思ってまた貸したら、私の郵便貯金の通帳そのものを貸してくれって。ああ、こりゃヤバイな、冗談じゃない、って。結婚してから夫の店がたいへんだったとき、ああ、あの時のお金をちゃんとキープしてれば、なんて馬鹿なことしたんだろうって後悔した。でも、その人、いい死に方はしないだろうと思って。それだけだね、私の人生での汚点は。ともかく、全女に三禁なんて、なかったですよ。

浅見美樹とダンプ松本とライオネス飛鳥の三人の共通点は、最初、女子プロレスの熱狂的なファン、追っかけだったこと。美樹はダンプちゃんや智さん（ライオネス飛鳥）と友だちだったんですよね。ダンプちゃんが熊谷で、智さんが大宮で、一緒に待ち合わせて電車に乗って試合見に行ったり、事務所に行ったりしてたみたい。名前も呼び捨ての仲。ファンから練習生になった。練習生って、お金を払ってスポーツ・ジムに通うみたいなもん。来たくなければ来なくてもいい。そこからプロになった。入ってから苦労してましたけどね。

ダンプちゃんはどうしてもプロレスラーになりたかったんじゃないですか。

極悪同盟で人気の出たダンプ松本は一九六〇（昭和三五）年一一月一一日埼玉県熊谷市生まれ。ジャッキー佐藤の熱烈なファンだった。女子プロレスが好きで好きで、社長あてに手紙を書き、「どうしても女子プロレスに入りたいんです、よろしく願いします」と吹きこんだカセットテープを送った。それでも会社の反応は冷たかった。高校二年生で受けたオーディションは落ち、翌年やっと合格したが、プロテストで不合格に。社長やスタッフにレスラーは断念するように言われ、一時は営業の仕事を手伝った。ひとりで宣伝カーを運転し、地方でPRするときは、宿泊料金の安いモーテルに泊まらされた。会社にレスラーとして使ってもらえるようになったのは、二班に分かれて興行するための選手補強のため。練習生時代はありとあらゆるバイトをしたという。

ダンプちゃんはけっこう、からかわれたりしてた。落ちこぼれのほうだったんで。試合もできないのにそんなに目立ちやがって、とか。それに負けないでがんばってやってれば、誰も何も言わなくなる（立野記代）。

デビル雅美がベビーフェイスに転向し、クラッシュ・ギャルズの人気が出始めたとき、クレーン・ユウとのタッグで、ＷＷＷＡのタイトルに挑戦することになった。そのとき、ダンプ松本は完璧なヒールに変わった。苦労した下積み時代があったから、徹底したヒールになりきることができたのだ。

浅見美樹はね、埼玉県の川口の子なの。田舎から出ていった私からすればすごい都会の子。「わぁ、すごい、すごい」っていうふうになるじゃない？　元は竹の子族に入ってた。よく寮で踊ってました。東京に出て右も左もわかんないころ、一緒に飲みに行ったりしたことあります。

どっちかっていうと、基本的に休みの日とか、選手と遊んだりしないほうだったから。プライベートの友だちは、年齢層、高いですよ。同世代っていうのは、まず、いなかったですね。

新人のころって、そんなに仲がよくてもね。普通に喋ったり、ご飯を食べたりするけど、他人の集まりだから。自分の育った環境ってあるし。東京の人もいれば、地方の人もいるでしょう。要領いいやつもいれば悪いやつもいる。

記代はね、変わった子だったの。栃木の子なんだけど、お父さんたちが競馬の厩務員《きゅうむいん》やってて、朝、早いのね。その習慣で育ってるから、朝、六時くらいから洗濯機、回して、それも下駄はいて、寮の中、ガラガラガラガラ、音立てて歩いて。なんかね、変わってるところがあった。


みんな子どもだったよね、今思えば。部活の延長みたいな感じ。一番上っていっても二十歳前後だったから。今みたいに上は三十後半から四十歳で一五歳の後輩っていったら、親と子くらいの年齢差。精神的にレベルが違う。意地悪なんかしないし親心で育てるでしょう。

はっきりとした線引きがされていたわけではないけど、五紀はヒールのデビル雅美派、私はベビーフェイスのジャガー横田派。その時代の試合の組み方はほとんどヒール対ベビーフェイスだった。赤コーナーはベビーフェイス、青コーナーはヒール。それは決まってた。で、リングの住み分けがそのままプライベートに影響するっていうか。どっちにしてもトップどうしが仲よくしないから、派に属する者もあまり仲よくならない。行動もぜんぜん別。派の上の選手が下を教えるから。後輩が変な試合すると、教えが悪いってことになるしね。そんな事情もあったし五紀とはプライベートで一緒に遊んだこともなかった。

それにね、私、いじめられてたの。同期が三人いてね、五紀と私ともうひとり。その当時、A班B班、二チームに分かれて興行に出てたでしょ。それで私たちも誰がどの班になるか相談して、ジャンケンで組み分けを決めたのね。私はこっちね、あなたはあっちね、って感じに。ところが、ある日、私、ちょっと用事があって、自分の班と違うバスに行ったら、運転手の松永マネージャーに、「お前、何してるんだ、早く乗れ」って言われて、そのままその班のバスに乗りこんじゃったわけ。それがそのまま組み分けになってしまって。あのときからだね、他の同期ふたりが私と口きかなくなったのは。

自分、できないほうだったんで。何でプロレスラーになっちゃったのかわからないぐらい運動神経が悪かったんですよ、田舎ではスポーツが得意だったのに女子プロ界に入ったら。昔の試合のビデオ見ました？　鈍くささが出てるでしょ？　身体も細かったしね。お金をいただいてご飯を食べるようになったら太りましたけどね。

新人の頃はほんとうに大変。練習、練習で。疲れきって食事できないくらい。休憩時間は身体を休めるので精一杯。会場の仕事もさせられて。友だちになるもなにも……。でも、ずっと同じ環境にいるから絆ができていくのかな。失敗したらかばったりするなかでね（立野記代）。

五紀の記憶にも、トレーニングの激しさは強く刻まれている。

毎日の練習はまずランニングから始まる。下目黒の寮から目黒川を渡り、戸板女子学園経由でＪＲ目黒駅、権之助坂を下り再び目黒川を渡って戻る。そのあと、うさぎ跳び、縄跳び、柔軟体操、そして徹底した受身の練習が続く。運動神経抜群の五紀にとっても、早朝から夜まで繰り返されるトレーニングは、きついものだった。新人レスラーはそうやって、まず基礎体力をつけ、身体を作る。練習についていけない人間は辞めるしかない。

新人の頃は遊ぶこともなかった。練習、練習で明け暮れてました。寮にいたころは午前中と午後、二、三時間ずつ。最初は終わると身体が動かなかった。試合がない日は、朝起きてトレーニングがあって、それが終わると道場の掃除。朝は自分たちで起きていかないと、寝てたら誰も起してくんない。そのあと各自ご飯食べて、午後、またそれぞれ練習。

試合がある日は、午前中練習して、午後、興行の場所によってですけど、移動に時間がかかる所は一時ぐらいに集合して、みんなバスに乗って、試合場に着いて。その繰り返し。地方も多かったしね。

同期は七人いたんだけど、そのうちの何人かは、ばたばたっとやめて。巡業に連れてってもらえるようになってからだと、いち、にい、さん、……四人か五人いたかな？ でもみんなやっぱり続かず。最終的には記代と私だけになった。早い人はもう、すぐ辞めた。うちの同期ではいなかったけど、夜逃げした人もいた。

上下関係が厳しい世界だから、人間関係が不器用でうまくいかなくて辞める人もいただろうし。私なんて田舎から出てきて右も左もわかんないじゃない、だからそういうのもまた新鮮だったしね。

残る人って決まってるんですよ、きっと。怪我が多くても残る人もいるし。それはもう努力のたまものですけどね。

練習は何でもやりましたね。シャドー・ボクシングもやらされたり。

最初はやっぱり受身中心だったですね。首、折っちゃうでしょう？ ジョギングから始まって、基礎体力のトレーニングしてとことん受身。先輩が十人いても十五人いても、ひとり十発の技を受けさせられた。十人いたら百発、十五人いたら百五十発。ケチョンケチョンに言われて。記代なんかよく、倒れてましたよね。いまでいう「いじめ」です、もう、ほんとに凄かった。コーチ？いますよ。でも、見てるだけ。練習だから。三分間ロープを走り続けるっていうのをやらされたりね。

昔のことだからよく覚えてないけど……。

コーチは柳下勝枝。昭和三十年代、女子プロレスがまだドサ周りをしていた頃、柳みゆきのリングネームでデビューし、昭和五二年に引退した。五紀が新人時代からずっとレフリー、コーチとして新人の育成にあたった。柳コーチの回想（『翔べ！JBエンジェルス』、前掲）によると、入門当時、五紀はややぽっちゃりしていたが、すぐにそれは筋肉に変わったという。五紀は何でもマスターするのが早かった。

柳さんはお母さんみたいな存在でした。名前を呼び捨てで呼び合ったらダメ、ちゃんと「さん」をつけなさい、とかね。ご飯よそうやり方まで教えてもらいましたね。柳さんがね、ランニングで二十周走らなけりゃいけないとき、数を一周、間違えたの。たった一周だけど、すごく覚えてる。

とにかく練習は受身でしたね。今の現役は、私の現役当時から続けてる選手は別にして、ちゃんと受身とってる選手、いないじゃないですか。逆に技が高度になってるでしょ。だからケガや事故になる。私たちのときは、もう、徹底して受身をやらされたから。受身は痛いですよ。でも数やらないとうまくならないって。痛さには、変な話、身体が慣れてきます。みんなそれぞれ癖があって、何年たっても受身の下手な人もいる。私は上手なほうだった。基礎体力の腕立て百回、あの人はできるのに自分はできないとか、そういうのはありますよ。

記代なんか、中学では高飛びの選手で記録保持者だったとかいうけど、ランニングとか何やらせてもドンくさいのね。あの子、数、数えられないんじゃないか、とか悪口言われてたね。動きはとろいし。そういう面では、記代は苦労したんじゃないかな、わりと。

もう、入った時点で、よーい、ドン、ってなっちゃってるから。

私はぱっぱっぱっと、そういうことができたほうだと思う。

練習中の三分間ロープに自分で走って、途中、一分間、受身とって、そいでまたロープに走ってってっていうワークの仕方があるのね。それは誰にも負けなかった。

アスリート・タイプのレスラー。

濱部良典は、現役時代の五紀をそう評価する。濱部は週刊プロレスの元編集長で、現在はベースボール・マガジン社の編集局次長。取材を通して若手の時代から五紀を見てきた。

山崎五紀は男っぽい俊敏さとバネの利いた飛び技と多彩なテクニックで魅せる選手。とにかく動きの早いレスラーだったですよね。運動神経ということでいったら一歩抜けてたんじゃないかな。女子プロレスのアスリート路線は、日本独特の文化だと思う。この文化はすたれて欲しくないですね。なかでも五紀には、男子プロレスも多く見てるいわば玄人の記者たちが認めるスポーツとしてのおもしろさ、すごいなと思わせる力があった（濱部良典）。

五紀自身はプロレスについてこう語っている（「Deluxeプロレス」一九八七年一月号、前掲）。

「技を見に来るのもお客さんなら、コスチュームを見に来るのもお客さんだ、と思いますよ。でも、コスチューム見に来てるお客さんだって、力をぬいたような試合みせられたらやっぱり納得いかんのじゃないかな。プロレスを見にくるというのは、あたしらの誠実さをみにくるということだから。水着きて踊ってるとこ、見に来るわけじゃないんだから、ね」。「お客さんがね、ほうーっていうような試合がしたいです。山崎ってヤツはしぶといな、女子プロレスって本気なんだな、オモチャや、ママゴトとちがうんだなあ、と思ってくれるでしょ」。「女の子のやっとることだから、このくらいで納得しとこうか、いうのは、ホンモノの納得じゃないですよね。納得つーもんは、条件つきじゃダメなの。甘えなの、それは。いってみれば、あたしらがお客さんをフォールしてやね、ほーっていいわせてそのあとではじめてホンモノの、無条件の納得いうもんが生まれるんです」

五紀は、そのために自分の技から不自然さをとりのぞきたいと言っている。コーナーポストに登ってからのボディ・アタックでも、二段ロープに足をかけてトップにあがるのでなく、最初からトップロープに足をかけたい。「自然って不自然なんだな、ってつくづく思う」（五紀、前掲）。技が自然になれば、お客さんをフォール（納得）させやすいと五紀は言った。呼吸するようにレスリングしたい、ということなのだろう。

めざしていたのは、本物のプロレスだった。試合そのもので感動させ、記憶に残る女子プロレスを、五紀は闘ってきた。

デビュー戦の相手は浅見美樹《あさみみき》。一九八〇（昭和五六）年九月五日、東京都狛江市石井グランドだった。

私、デビュー戦って忘れられてて。で、会社に言ったら、「おう、じゃ、今日やれ」みたいな感じ。デビュー戦を決めるのは会社のマネージャー。地元（出身地）の興業があれば強いの。盛り上げてくれる。ましてそれにテレビが入っちゃうと、ちゃんとやってもらえる。先輩とセミ・ファイナルとかビッグマッチを組んでくれてね。でも私はそういうのがなかったから。いきなりもう、野外でデビュー戦。そんな特別なものじゃない。一年未満でデビューはしたけど、他の人はもうデビューしてた。私がいちばん遅かったな。

試合は、プロテスト受かったら、即やらされるんですよ。一試合目とか。試合が入る日もあれば入らない日もあったけど。だからデビュー戦の前から試合はやってる。そのなかのデビュー戦ってだけ。別に特別変わらない。一試合目がデビュー戦じゃないわけ。

デビュー戦ではなにもできないまんま、終わったような気がする。負けたと思う。

技は見て覚えますね。教えてくんないですよ、自分で練習しないと。口で教えられてやるもんでもないしね。新人に技を教えてどうこうって、システムやマニュアルにはなってない。いいとこは何でも盗みなさい、って。

いいものはぜんぶお手本にしましたよ。この先輩についていこうとか、決まった人のプロレスのスタイルをやるとかじゃなく、あ、この選手のこういうやり方っていいなって思えば、それを目で覚えて、身体でやってみる。コーチはいるけど、身体使って教えられない。柳みゆきコーチが、「頭、引きなさい」とか、「受身はぜんぶ身体でとるのよ」とか、リングの下で言うけど、技を教えてもらうのは先輩。特別に誰っていうわけじゃなく、みんなに見てもらってた。ジャガー横田さんは、自分の身体使って教えてくれる人だった。ジャガーさんのプロレスは好きでしたよ。小っちゃい人だったけど、パワーもテクニックも兼ね備えた選手だったからね。

その後、悪役《ヒール》やれって会社に言われて、私はデビル軍団に入ったけど、そうなっても、手取り足取りプロレスを教えてもらえるわけじゃない。基本的に自分の試合を見てもらって、ここはこういう風にしたらいいよ、ってアドバイスをもらう程度です。デビル軍団って呼ばれてるだけで、試合のときは別々で、一緒に試合するわけじゃない。

ベビーフェイスでもヒールでもどっちでも、やれっていわれればやった。ヒールも好きでしたよ。悪役やると友だちが減っちゃうかなっていうくらい。

自分のプロレスのスタイルも、特に誰かを意識して作ったっていうもんじゃないの。オリジナルって、別に意識したこともない。つまり作ろうと思ってスタイルになったわけじゃなくて、やってたことが積み重なって自然にそうなってただけです。

おっきい技は新人のころは使わせてくんないですよ。ドロップキックが最大の技。やっぱりまだ不慣れでしょ。危ないし、やはりある程度、キャリア積まないと、スープレックスとかジャーマンなんていうのは。今はどうかわからないけど、私たちの時代はそうだった。今から比べれば、すごく安全なやり方だったんじゃないかなあ。何でも使っていいわけじゃなかった。逆に使えなかった。私はできるからなんて使っちゃったら、先輩にめちゃくちゃ怒られるだろうし。また、まだ半年くらいではできなかった。学生の部活やってる筋肉の使い方とプロレスはまた違うから。今から思うと身体を作っている段階だった。身体は最初固いけど、ある程度キャリア積んだら、柔軟性ができてくる。

選手生活の後半、後輩が「ドロップキック、教えてください」と言ってきたとき、「教えてあげるよ、だけど要は実践だから」って言ってました。ここで教えても、六十分一本勝負フル戦ったときに、今やってるこの技が今通り出せるか。時間が短く勝負がついたとき、自分の得意技、出せなくて終わっちゃうときもあるし。その技を練習するにあたっては、自分の技術、体力、身体がどこまで持つかっていう精神力、ぜんぶ考えてからやらないと。たとえば体育館、二十周走って、ドロップキックの練習するとかね。技だけ練習するんじゃなくて。だって大きなダメージを受けてる場合だってあるから。そういうことも考えて練習したほうがいいよ、って言ってました。ただガンガン練習するばっかりじゃなくて。とにかく頭を使ってぜんぶ計算して、身体を使ってやってかないと、できないですよね。

私は後輩からそういうこと聞かれると教えてた。言うだけじゃなくて。ジャガー横田さんがそうだったから。最後、私がセコンドについてたんだけどね。デビル雅美さんとも私は仲よかった。

立野記代はネックブリーカーをやり始めたときに、先輩から「ベビーフェイスはやっちゃいけない」とさんざん言われた。「でもその技がないと何もないと思って、毎回文句言われてもやってたら言われなくなりましたね。反則も言われた。毎回どのくらい怒られたか。根気勝ち」と立野は苦笑する。いずれにせよ、新人は身体の筋肉ができてない上に、スタミナもなく、しかも限られた技で試合を組み立てるのだから、いきおい試合がスムーズに展開しない。

試合の組み立ては、最初はぎこちないですよ。とてもじゃないけど。あがったりもします。最初は相手の動きも予測できないね。私の場合、いかにムダな動きをなくすかが問題だった。

作戦？　うーん、特別にはなかった。この選手は大っきいから乗っかられちゃったらダメだな、スピードつけて動くしかないな、とか、そういうのはあったけど。たとえばダンプちゃんとかね。相手がなにを使うか、わかるじゃないですか、技。それを先に読むか、受けて次のチャンスを待つかしかない。

ある意味、陰険な世界ですよ、スポーツの世界って。ほんとの手の内っていうのは、明かさない。だって、引きずりおろしてでも自分があがってかなきゃならないから。

料理でもそうだし、なんでもそうだけど、実戦、重ねていかないとできない。同期でも実戦メンバーに入ってない東京にいる留守番組と現場行く組とじゃ、差ができていきました。

自分で思うように試合ができるようになったのは、私の場合は三年目ぐらいかな。やっぱり精神的にも余裕がでるんじゃないかな。

団体生活の大変さもあるから。それぞれ個人でやっていくでしょ。コーチはいるんだけど、寮生活で、部屋でじっとしてたら、誰も「練習行くよ」とは言ってくれない。下りていかなかったら「なにやってんだ、あいつは」ってなっちゃう。みんな他人の集まりじゃない。そういうのに慣れるまでは大変でしたよ。

それは少女たちのサバイバル・ゲームだった。応募した瞬間から競争は始まっていた。採用になれば厳しい練習でふるいおとされる。それに耐え、プロテストに合格し、リングにあがると試合という形で勝敗をつきつけ、タイトルという形で、結果を要求してくる。言い訳はできない。

一九八三年夏、五紀より一年先に入門した長与千種とライオネス飛鳥がクラッシュ・ギャルズを結成、「炎の聖書《バイブル》」でレコード・デビューした。五紀は記代とともに、彼女たちの後を追いかけることになる。

そして、爆発的な女子プロレスのブームが再燃した。それは、マッハ文朱やビューティ・ペアよりも、さらに多くの全国の少女たちを巻きこむ社会現象になっていった。クラッシュ・ギャルズはなぜ圧倒的な支持を得たのだろう。どうして他のレスラーではなかったのだろう。

プロレスというのはフィクションの混じるエンターテインメント性の強いスポーツですから、レスラーの人気は単に強い弱いだけじゃ決まらないんですね。抗いがたいオーラを出す人っているじゃないですか。長与千種も最初は平凡な子だったんだけど、ある日、そのオーラを身にまとうようになったんですよね。女の子がプロレスをするかっこよさ、男子プロレスから技を取り入れて。そのうち女子プロレスのスタイルを変えてったのがクラッシュ・ギャルズだった。女子のレスラーが男子のプロレスに影響を与えて逆流していく。デスバレー・ボムやノーザンライト・ボムなんて技は女子のほうが早かったんですよ（濱部良典）。

もちろん長与と飛鳥ふたりだけで作りえたブームではない。ダンプ松本、ブル中野を主軸にしたキャラクターの際立ったヒール・極悪同盟が、ブームを盛り上げた。

年齢や性別に関係なく、プロレスを見る者が感動する対象、それは、リングの上の真剣勝負、試合である。

五紀と記代は着実に伸びていった。お互いを意識しながら、正統派レスラーとして実力をつけていった。

例えば、この年、五紀と記代が、女子ジュニア王座決定戦をかけて闘った栃木県足利体育館での試合——。

五紀はシャープなタキシード風のリングウェア。一方の記代はフリルにおおわれたブルーの水着で登場した。その頃の立野記代の売り方は「女子プロレス界の松田聖子」。カッコイイ派対カワイイ派。キャリア・ウーマンと専業主婦。自力更生と他力本願。観客の少女たちは、学校や職場で感じる嫉妬を、リング上の試合に重ねていたのかもしれない。体格は共に軽量級で、いたいたしい印象さえ感じさせる。五紀は序盤から積極的に攻撃をしかけていった。技も体力も優勢。後半、記代はスタミナ切れか動きが鈍くなっていく。五紀はデビル軍団の一員らしく、記代を場外でアナウンス席にぶつけたり、ヒールとしての役目もきっちりこなしている。試合は時間切れ引き分けで終わった。

記代は当時の自分をこう語った。

「立野はずるいってよくいわれましたね。試合内容では負けてるのにムリにおさえこんで勝っちゃうって。きっと相手に技を出せるだけ出させて疲れされて、おさえこみのチャンスをねらってるんだろうって（中略）ちがうのよ、わたし、そんなズルい計算ができるほどうまいレスラーじゃないよ。（中略）自分が弱いチャンピオンだってこと知ってるから、ただ、もう、一試合、一試合、必死にどうやったら負けないかを考えてただけ。水着は脱げてもベルトだけは脱げないから」（「Deluxeプロレス」一九八七年一月号、前掲）

七人の合格者から生き残ってしまった二人。

五紀と記代は、いやおうなしに実力を競う運命に置かれていた。

タイトルは、いちばん最初に新人王があって、その次がジュニアのベルトなの。新人が競い合っていちばん最初に巻けるベルトがジュニアなんですよ。それを記代がとった。彼女にはパワーがあった。体格はそんなに違わないんだけどね。記代はね、秘密練習してたの。先輩に頼んで、道場で。それを私は知らなかった。記代がベルトとった後に知ったの。それで、楽してちゃダメだなと思って。ジュニアのチャンピオンの記代に、私が挑戦したのかな。長与千種も負けてるのよ、記代には。女子プロレスの記録では有名な話ですよ。

ベルトはね、なくなったらなくなったで気が楽になる。だって、巻いてる間は、そのベルトにふさわしいレスラーにならなくちゃいけないと思うから。ベルトの価値を下げられないもの。

私は入門した年、忘年会で努力賞かなんかもらったけど、新人王もジュニアのベルトもとれなかった。器用貧乏なところがあって、やるけどむくわれないっていうのがあったのね。

一九八四年二月二八日、五紀は神奈川県相模原市総合体育館で記代と対戦し、特別ルールにより判定で勝ち、第七代全日本選手権を奪取した。ライオネス飛鳥が返上した王座の決定戦だった。五紀と記代も、お互いの持ち味を余さず引き出せる対戦相手だった。

これ、見て、記代と私のジャーマン、珍しいね。首の骨がバキバキバキって鳴ったの覚えてる。思いっきり、こっから……。

特別ルールって、なんだったんだろう。思い出せないな。全日本選手権のベルト、私も返上したのよね、負けたんじゃなくて。ブル中野が挑戦してきて、ダンプ松本もセコンドについてて、やりたい放題で試合が成り立たない。だから、またヒールとやってどうのこうのっていうより、返上しちゃおうと。このころって伸び盛りだったから、気持ちも前へ前へといってたのかもしんない。次のベルト、っていう。

五紀は自分の闘った全ての試合を覚えていない。引退して時間が経過したというより、あまりに試合数が多すぎたからだ。

例えば一九八八年のタッグリーグ・ザ・ベスト88シリーズの興行は、八月二十日埼玉県川口中央青果市場、二一日東京都後楽園ホール、二二日栃木県競輪場通り竹林交差点西側、二三日茨城県パチンコともべ大駐車場、二四日埼玉県東埼玉病院前、二五日神奈川県川崎市体育館、ここで三日あき、二九日兵庫県姫路市厚生会館、九月三日熊本県熊本市体育館、四日熊本県小国ドーム、五日熊本県竜ヶ岳清照広場、六日熊本県壽屋鏡店第二駐車場、八日滋賀県八日市市役所東広場、一四日茨城県土浦スポーツセンター、一七日栃木県小山スケートセンターという具合。超人的なスケジュールが組まれている。

しかも当時は一試合三本勝負だった。

いちばん多かったときで年間、三百十試合やりましたもん。三か月、ぶっ通しで地方巡業に出たりね。一か月連続興行なんて、それがもう普通のスケジュール。屋外の試合で、前日に雨が降ってキャンセルになったときなんて、土曜日に二試合やったこともありましたよ。移動のバスが家みたいなもん。休みはほとんどなかった。休むとダメ。これが競争でしょ?

三本勝負の試合構成がきつかったかどうか?深く考えたことはないです。

やっぱり体力、気力が大事。自分の気力?　うーん、どっから来るのかわかんないなあ。

裕福な家庭で、物に不自由なく育ってたら、こうはなってなかったでしょうね。自分で稼いだお金って、自由に使えるでしょ？　いい生活がしたければ、一所懸命働けばいい。いいものも食べられるし、いいもの着れるし。物があふれてお金にも困ってなかったら、こんなふうにはなってなかったかもしれないですね。脱落してった人たちが、みんな裕福な家だったってわけじゃないし、一概にはいえないけど、私の場合はそうです。

それに、出身が小っちゃい島だからね。「どうせすぐ辞めて帰ってくるよ」って言われたことがあってね。ああいう親でも私には大事だったから、これ以上、親の名誉を下げたくないっていうのかな。ほらみろ、あそこんところの娘は、あの親にしてこの子だ、って言われたくない。それがいちばん頭にあった。精神力、気力っていうよりも島の人への意地があって辞められなかった。

一度だけ、背中、折ったときに、精神的に弱って、姉に電話したこと、ありましたけどね。でもね、やさしく「帰っておいで」って言われると、帰れないですよね。そのときの怪我はね、背骨の、肋骨の下にある小っちゃい骨が欠けたの。技を受けたとき折ってたわけ。新人のころですけどね。二年目とか、三年目とか、そのへんじゃなかったかな。

それでも辞めようとは思わなかった。

将来に対する不安？　そんなの、なかった。これしかないと思ってた。ほかの道なんて、基本的に考えなかった。だって、それくらいで辞めて、人に「プロレスやってたんだ」っていうのも嫌だしね。


脱臼と胃炎、現役生活の初期に、このふたつが五紀を苦しめた。

人並み以上の運動神経があったため、動きが早く、技を覚えるのも早かったのが逆に災いしたのか、五紀は新人のころから肩の脱臼に悩まされた。


腰の下あたりの骨を折ったのは、ジャンボ堀さんとやって、パワー・ボムやられたとき。それでもう、肩、上げられなかった。でも花道を歩いて帰ったのよね。控え室に入ったら歩けなくなっちゃって。立てなかった。横になったまんま。その日、旅館に帰って、サラシ巻いたら座れるようになったのかな。同期や先輩が、抱いてお風呂、連れてったげるよ、って。でも、ヤじゃないですか、そんな。だから意地でも動いて。

病院入ったら、腰の骨が折れてることがわかったの。柳コーチが自転車のチューブ買ってきてね、腰に巻いたの。入院はしないですよ。休んでたら怒られるもん。一週間も休まなかった。一年後にレントゲン撮りに行ったら、くっついてなかったですね。筋肉でプロテクトされてる状態。

いまだに後遺症があります。最近、腰がだるくなって、定期的にマッサージしてるんだけど、腰の骨折のアフター・ケアをちゃんとやってなかったからだって言われた。その後、二回、ぎっくり腰になったし。歩けるぎっくり腰よ。びーんって、こう、電気が走ったような。現役離れて筋肉も落ちちゃってるからね。身体なんて動かしてないし。椎間板ヘルニアの一歩手前なんですよ。骨と骨の間の液がみんな出てて。MRIとったらそこだけ黒いの。二番、三番の間。レスラーにとっていちばん大事なのは首でしょうね、もちろん。やっぱり腰やると膝にくるし、膝やっちゃうと足にくる。

肩の脱臼も自分でトレーニングして治したこと、ある。そのころ、デビル雅美さんが木刀、持ち始めて。リングで木刀振り回すのに、すごい太いの買ってきて素振りしてたの。すごく重い。それ見て、ああ、これいいなって思って。そいで借りた。あとは椅子持ち上げて筋力アップ。自分なりに工夫して治しましたよ。

1986年12月６日後楽園（JBエンジェルス時代）

重い木刀を手があがらなくなるまで振り、肩と背中の筋肉を鍛えて、五紀は脱臼癖を克服した。平凡な人間からすれば血のにじむ努力を、非凡な人はさらっとやってしまう。

もうひとつ、新人時代から五紀を悩ませたのがストレス性の胃炎だった。試合で緊張すると重症になることもしばしば。一時的に二キロ程度増えることはあったが、体重がなかなか増えなかった。充分な練習ができないせいだった。肌も荒れた。医者は「あんたは神経が細いね」と五紀に言った。食事をとれないからスタミナが持たない。「試合やってすぐ息があがっちゃってね、自分にハラ立ってハラ立って、ちくしょう、ちくしょう、なんでこんなにヒヨワな人間なんかって」（「Deluxeプロレス」一八八七年一月号、前掲）と五紀は答えている。

私は胃がすごく弱かったんですよ。アメリカ遠征に行くまで。胃痙攣《けいれん》みたいになるんだけど、原因がわかんないの、調べても。神経、細いんですね。救急で何回も行ったことある。ほんとに動けなくなっちゃうの。一晩で三キロ痩せたり。ある程度キャリアがついて私が気づいたのは、試合を頭から切り離して考えなきゃダメだっていうこと。タイトル戦がいつって決められて、その日まで間があるでしょ。そうすると、いつも頭から離れないじゃないですか。大変ですよ、お腹くだっちゃったり。負けたときの自分や勝ったときの自分をイメージして。

考えるときりなくて、身体に反応くるから、ある日やめようと思ったの。いつつタイトル戦があるっていっても、あっ、そうですか。気になるんだけど、そっちに考えること置いちゃうと、それがずっと離れなくなるから。リングにあがればいいの。それまでが、ああ、やだなって感じで。

その当時はやっぱり休めないっていうのがあった。すごいスケジュールだったから。それをもう、みんなやってるから、当たり前になっちゃう。三十八度の熱でもやったし、二日酔いでもやんなきゃいけない。

やっぱり、楽してなにかを成し遂げるってできないじゃないですか。スランプもあり、ケガで悩んだり。いろいろありますよ。

会社はチャンスをくれるんですよ。自分が中堅にも満たないころ、WWWAの世界タイトルを入れたよ、って。ペア組んでてもシングルの試合させる。負けるの、明らかにわかるじゃないですか。でも、こいつ、けっこう出てきそうだな、伸びるだろうなっていう選手に関しては、あえてチャンスを与えるんですよ。しょっちゅうはないですよ。誰が見ても負けるに違いないけど、もしかしたら勝つかもしれない。本人にとっても勝ったらもうけもん、会社にとったら番狂わせになるかもしれない。負けるとふんで試合組んでるから。そういうのはありますよ。

だから数秒でコテンコテンにやられて負けちゃう場合もあるし。技量によって当てはまるレベルが違うから、思いっきり下の人間と上の人間と当てたってしょうがないじゃないですか。それを小っちゃい田舎町でやる。それは下の子に対して根性をつけるというか、自信をつけるというか。こいつはどこまでくらいついてくるんだろうって、上の人間は試合やりながらリングの上で試しますよ。わざと技を受けてあげたりね。

気がついたら観客席から自分の名前を絶叫するほどの声援が聞こえるようになっていた。

体力の続く限り、五紀はリングを縦横無尽に動いた。場外乱闘で、リングの外でうずくまっている相手に、トップロープからジャンプして、ドロップキックをくらわせたあと、次の瞬間、すかさずトップロープに登って隙を狙う。フライング・ボディ・アタックをきめ、次は逆コーナーまで走ってミサイル・キック。ものすごい速さで技をつなげる。並大抵の運動神経じゃない。ひとつの技をきめ、次の技にうつるまでの間隔が早い。

ボー・アンド・アロー・ブリッジ（弓矢固め）、一回抱えあげてからのボディ・スラム、卍固めなどの組技もかける。

山崎五紀はなにをしかけてくるかわからない。その先入観で、相手にとっても観客にとっても常に緊張感のあるスリリングな試合が生まれる。

まさに「ロープ際の魔術師」。どんな試合も手を抜かない。五紀のひたむきな姿勢にじわっと感動がわいてくる。

このころから女子プロレスの会場に男性ファンが増え始めた。スポーツとして女子プロレスを観戦する目の肥えたファンだ。五紀の試合をまとめた手作りの個人誌を出す男性ファンも現れた。


人気が出始めたのは、三年目の後半から四年目くらい。そのときはもう中堅。新人のころはダメ。なんかね、隠れファンが多いみたい、私は。

自分のなかで全盛だと思うのは、十八歳から二十一歳くらいまでかな。その間にアメリカ遠征に来てるから。

自分ではぜんぜんわかんないんだけど。自分は一所懸命になってるから気づかない。仕事に慣れてきて、おもしろいときって、そうじゃないですか。疲れを知らないっていうか。集中してるから。でも実感がない。ずっと、がんばんなきゃ、ってそれできてるから、今私ってすごいんだよって思う気持ちがない。まわりも別にこれといって変わることがないでしょ。仕事仲間は仕事仲間で。プライベートの友だちも、ずっと新人のころからおつきあいしてる友だちや、知り合いだし。

マスコミの記者に、最近すごいね、うまくなったねって言われてもピンとこない。あ、そういえば最近、仕事で悩んでないな、と思うぐらいで。まわりから見てよくなってるときって、本人にとってはすっごく充実してるときだけど、本人は気づかないんだと思う。


五紀が記代とタッグを組み始めたのは、一九八五年ごろのことだった。

この年の四月七日、後楽園ホールでの五紀と記代のフジテレビ杯争奪ジャパン・グランプリ公式リーグ戦は、ファンの記憶に残る試合のひとつ。ライオネス飛鳥が、ふたりの試合を見て泣き、試合終了後、控え室でデビル雅美はじめ選手たちはふたりを拍手で迎えたという。

試合前、五紀はなにかをふっきるように目を閉じた。先制攻撃をしかけたのは記代だった。本来は五紀のほうが得意技にしているドロップキックで攻撃。五紀はそれを落ち着いて受け、容赦ないパンチで記代を攻め込んだ。機を見て記代は五紀にジャーマン・スープレックスをしかけた。会場が沸く。ダメージを受けた五紀は、ややペースが落ちた。胃炎のせいでスタミナが持たない。それでも五紀は動き続けた。必死の力をふりしぼってトップロープから場外へジャンプ。記代もプランチャで応戦する。十八分四秒、五紀は回転エビ固めをきめて立野を制した。

五紀の成長を会社が見逃すわけがない。記代も確実に伸びていた。

フレッシュ・コンビってね、組まされ始めのころは呼ばれてたの。私が全日本のベルトとったころには、ペア組んでたんじゃないかなあ。私たちの希望じゃなかったですよ。会社が決めて、それ以後は変わらない。他の人たちはわからないけど、少なくとも私たちは。ある日、マネージャーか誰かに呼ばれて、「お前ら、今日、一緒にやってみろ」って、そんな感じ。

会社として、ふたりをクラッシュ・ギャルズの対抗馬にしようという狙いがあったのかどうか、あるいは場当たりのなりゆきだったのか、それはさておき——。
五紀と記代、ふたりはまだ「ただの同期」だった。

僕の印象ですが、記代のほうが気分の波が大きくて、気難しいタイプ。今はまったくそんなことはないんだけど。プロレス記者もなかなか接しずらい子。かたや五紀は精神的に安定してて、話しやすかった。
現役当時は若かったせいもあるけど、記代と五紀はあまり仲よくなかった。クラッシュ・ギャルズもそうだった。タッグを組み始めのころは仲よくなかった。そのほうがいいコンビになるんですよ。パートナーより目立とうという意識があるし、いいところを見せようとして競いあうから（濱部良典）。

五紀の口癖は「どういったらいいかなぁ」。記代は「口ではいえないけど」。ふたりともお喋りなタイプではないが、「自分を極力言葉で表現しようとするのが五紀、自己像の言語化を拒むのが記代。その結果、記代は記者の印象が悪くなり、「やる気のないレスラー」という記者の誤解や印象の悪さを生んだ。当の五紀は記代についてこう語っている。「試合やってても、ホント、遠いところにいる感じなの。ボールを思いっきりほってもね、記代がどんどん小さく、遠くなっていってね、ボールが届かないまま地面におちてしまう」（「Deluxeプロレス」一九八七年一月号、前掲）。

五紀はシングル派。私はシングルが大嫌いでタッグ派。私はシングルの試合が苦手だった。お互いにペアを組みたくて組んだわけじゃなくて、会社の意向で組んだ。コンビを組んでからも、いつも、おはよう、よろしくね、試合が終わったらありがとう、その三つしか会話がなかった。

私はすごく人見知り。取材が嫌なわけじゃないし、話す口は持ってたんだけど、本当に仲よくならないと喋れない。挨拶はできるけど。だからスポーツ記者の人も私に取材に来るの、嫌がったんじゃないかな。すごく親しくなるとお喋りなくらい話すんだけど。最初からそんな感じでいけばいいのにって言われた。五紀のほうが社交性がある。仕事に関しては私のほうがプロではなかったかな。自分はどちらかというとプライベートを重視してたんで、それに振り回されてた。そういうところで五紀にはほんとに迷惑をかけた（立野記代）。

この年の秋に行われた「タッグリーグ・ザ・ベスト85」も五紀は記代と組んで参戦した。デビル雅美&ジャンボ堀組、ジャガー横田&大森ゆかり組と、先輩たちのタッグを破り、勝ち進んだ。クラッシュ・ギャルズ戦はレフリー・ストップでの勝利だったにせよ、全体で三位にくいこんだ。五紀も記代も自信を持って試合できるようになっていた。五紀はまだ胃炎に悩まされ、なかなか体重が増えなかった。背中に脂肪がなくなり、受身をとると痛むほどだった。

会社は翌年の正月興行として、一月五日の後楽園大会に、五紀&記代をクラッシュ・ギャルズと、WWWA世界タッグ選手権をかけたカードを組んだ。こうなったら、頂点に立つ。五紀が静かに闘志を燃やしていた矢先、長与千種が長年問題を抱えていた右膝の怪我が悪化して離脱。対戦相手はブル中野とコンドル斎藤のペアに変わった。五紀と記代はこの試合に勝ち、WWWAのベルトを奪取した。そのときの心境を雑誌で五紀は「キンカンがスイカを背負っている」と表現している。

四日後の九日、ふたりは名古屋の愛知県体育館でダンプ松本・ブル中野組の挑戦を受けた。試合前のリング上で、五紀はベルトを敵に見せつけ煽《あお》った。一本目、ダンプ松本はドラム缶を持ち出し、反則負け。二本目はダンプ松本が五紀を体固めでフォール。三本目、五紀は残った力をふりしぼって、ダイビング・ボディ・アタック、記代の肩に乗って落ちるミサイル・キックでブル中野を攻めた。記代のジャーマン・スープレックスが決まらなければ、すぐに五紀が同じ技をたたみかけ、七分十秒、ブル中野を原爆固めでフォールし、初防衛に成功した。

このタイトルを五紀と記代が巻いたのは、三か月だった。三月二十日、膝の故障から復帰し、アメリカ遠征を終えたクラッシュ・ギャルズとの対戦に敗れるまでの王座だった。

そして、クラッシュ・ギャルズとの勝負——。

五紀は試合前、記代とうまく喋れないほど緊張していた。それはいい意味での緊張感。気合が入っていた。贈呈された花束を五紀はリングの外に投げ、床に当たって散乱した。まるでヒールだった。一本目、十二分五七秒、体固めでライオネス飛鳥からフォールを奪われたとき、五紀は悔しさを隠さなかった。リングの中央で足を投げ出して座り、ファンがクラッシュ・ギャルズを祝福して投げ入れた黄色いテープを激しい勢いで引きちぎった。二本目は記代が二分三秒、原爆固めで長与千種をフォール。最後は五分四六秒、千種が原爆固めで記代から一本とった。クラッシュ・ギャルズは、頑強な岩のようにJBエンジェルスの前に立ちはだかった。試合には敗れ、ベルトは奪われたが、五紀と記代のフレッシュ・コンビは、クラッシュ・ギャルズに対抗する実力派タッグになっていた。恐怖と混乱で観客を興奮させる極悪同盟と、目まぐるしい技の連携で相手を苦しめ、試合そのもので観客を魅了する本格的なペアとして、ふたりは力を見せつけた。

その後、クラッシュ・ギャルズに続き、CBSソニーからレコード・デビューの話が持ちあがった。

フレッシュ・コンビからJBエンジェルスになったのは、レコード・デビューしたとき。この話は自分たちからじゃなくて、向こうからきたの。デビューして四年目ぐらい。CBSソニーからふたりの歌を出したいっていうんで、最初はやだって断ってた。ところが名古屋の愛知県体育館にプロデューサーが来てね。会社はコンタクトとってたんでしょうけど。「お前ら、ちょっと来い」って呼ばれて。で、「レコード出すぞ」って言われて。ふつうは会社が売りこむの。レコード出してくれってレコード会社に持ちかける。でも、向こうからきた話だったから、すごく待遇が良かった。

JBエンジェルスっていうコンビ名も、CBSソニーがつけてくれた。そのとき私たちのプロジェクト・チームができて、名前から考えようってね。「五紀&記代」とか黒板にいっぱい、わーっと書いてあって、「どれがいい?」って。そのとき、省略して呼ぶのが流行ってて、「お前らのプロレスのスタイルからいったら、動いてるからな」とかいって、爆発するくらい動くっていうんでジャンピング・ボム、「天使って感じじゃないけど、エンジェルってつけようか」って、なったの。それを省略してJBエンジェルスにしよう、って。

かなり力、入れてもらってたんですよ。

こうして、JBエンジェルスが誕生した。

一九八六(昭和六一)年、東京の信濃町にあるCBSソニーのスタジオでJBエンジェルスはレコーディングした。

(CHANCE)[3] ~chance, chance, chance~

作詞・森浩美、作曲・瀬井弘明、編曲・椎名和夫

軽いシューズを履いて　もっと自由な気持ち
サッと一気に街に　くりだそうよ

Up-Town の風が　頬を撫でてゆくたび
焦げたアスファルトには　夏の匂い

この街は　みんなの宝島だネ
心から　Wake Up! Wake Up!
イヤなことなど忘れ
かかと鳴らして　リズム刻み

Chance! Chance! Today　いま　この手で
熱い夢を　さあ　みんなで
Chance! Chance! Today　Wow! Wow!
Jump Up-to-date
きらめくまま　もっとはじけて
捜しにゆこう

難しいことなんか　今は流行らないから

きっと気にしなくていいと思う
もっと愛して　いいネ
瞳に映るすべて
フットワークの　ノリも悪くないし

この街は　みんなの宝島だネ
心から　Wake Up! Wake Up!
ポップコーンのように
自由きままに　飛んでみたい

Chance! Chance! Today　いま　この手で
熱い夢を　さあ　みんなで
Chance! Chance! Today　Wow! Wow!
Jump Up-to-date
きらめくまま　もっとはじけて
捜しにゆこう

カップリング曲は「STAND IN THE SHADOWS～JBエンジェルスのテーマ」（作曲・ビリー・アイドル&スティーブ・スティーブンス、編曲・椎名和夫)。初めて観客の前で歌ったのは四月五日、両国国技館だった。当時のビデオを見ると、五紀は歌もプロレス同様、堂々とこなしているように見える。しかし実は洋服のファスナーをあげるのを忘れるほど緊張していた。四月下旬、ふたりはレコードのキャンペーンとして大阪、京都、名古屋、東京、千葉を回った。大阪ではファンが列を作り一日で七百枚を売り上げた。これほど人が集まるとは予想していなかった五紀は涙があふれそうになったという。

レコーディングまで、けっこう練習しましたよ。試合の合間にレッスンに行ってた。下手すぎてびっくりされたけど。ピアノで「この音、出して」って、ぜんぜん、もう出ない。先生が「えっ、ちょっと待って、いや、参ったな」みたいな。スタッフとお揃いのスタジャン作って、キャンペーンもけっこう行った。（CBSソニーの）大阪支社に挨拶に行ったり。みんな新人はやるんだって。サイン会や、デパートのステージにも立った。

「(CHANCE)[3]」、「星屑のダンス天国」と出して、「青春のエンブレム」が最後。

もっと続くはずだったの。だけど、記代のプライベートでちょっとトラブルがあって。彼女がちょっと崩れかけたことがあったのね。失踪したり、試合に、穴、開けたり。そういうことがあって、なくなったんだけどね。

テレビのドラマにも出ました。「毎度おさわがせします」の次の作品。いろいろテレビの仕事もしました。昔よくあったレコード会社の運動会や水泳大会にも出た。

でも、芸能界の仕事って、性に合わなかった。待つでしょ、テレビの仕事って。嫌いだった。とにかく忙しかったから。

芸能界はできる世界じゃない、私には。だからレコードのときもヤです、って言ったのよ。やりたくないって。今は歌うけど、そのときはカラオケなんて行ったことなかったし。でも、思えば、あれがあったから歌も好きになれたんだろうな、っていうのはある。

ま、人生、嫌がらずに挑戦することも大事かな。

リングの上では互角に戦っても、ファンの数では、JBエンジェルスは、先に火のついたクラッシュ・ギャルズには及ばなかった。

わずか一年、先に走り始めた長与と飛鳥。それが全国の少女たちの支持を受け、カリスマ的な大スターになっていた。クラッシュ・ギャルズを出せば、観客動員できる。となれば会社の扱いも違う。フェアじゃない。五紀がそう思っても、その存在はあまりに巨大だった。

ＪＢエンジェルスっていうのはね、一年上にクラッシュがいたでしょ。すごいブームだったじゃない。だから、なにかにつけ、クラッシュの下になっちゃう。一年しか違わないのに。アメリカ遠征もクラッシュ先に行かせたり。

じゃあ実力で勝負しようよって思ったときも、そのタッグのベルト、長与さんが膝の故障で返上したでしょ。ほんとは私たちが挑戦するっていってたのに、ＪＢエンジェルス対コンドル＆ブル中野戦になったの。そいで、長与さんが膝の手術して復帰したときに、挑戦したけど負けちゃったんだよね。大阪城ホールで。ううん、会社の意向で復帰を飾るとか、シナリオなんてなかったですよ。

私はね、クールすぎたのかもしんない。シャイ。ポーカー・フェイスってよく言われた。会社にまで言われた。ファンの人と一線引いて当たり前だと思ってたし。別に無愛想にするんじゃないけど、応援してくれる側、してもらう側って分けてた。写真撮ってくださいとかサインしてくださいって言われればするけど、別にこう、あえて自分からはしなかった。でも長与さんはサービス精神旺盛。よくあれだけできるなって思ってたもん。

私はなんか、平均して怖いっていうイメージがあったみたい。外見かな？　後輩からも、そういうのがあったみたいですよ。

クラッシュとはいい試合、いっぱいあるんですよ。勝ち負け関係なく。私自身、勝ち負け入ってないんですよ。私は試合内容が好きなの。負けてもお客さんが納得してくれる負け方。自分も納得できて。そりゃ、勝ってベルト巻けば格もあがるでしょうけど。

負けてやったのかな……。ハハハ。

五紀は今もクラッシュ・ギャルズの存在を冗談まじりに「邪魔だった」とつぶやく。「クラッシュもクラッシュだけであそこまで上がったわけじゃないから。やっぱり台になってくれる人間がいなきゃそこまでいかなかったし、その当時のジャガーさんデビルさんという対抗馬がいたから名勝負も残せたわけじゃないですか」（「Deluxeプロレス」二〇〇一年年錦秋号、立野記代レスラー生活二十周年記念インタビュー）。

1987年９月14日大宮スケートセンタータッグリーグ・ザ・ベスト'87公式戦でクラッシュ・ギャルズに勝利

クラッシュ・ギャルズは邪魔なんだという、その時その時の葛藤はあったでしょうね。プロレスラーとしてはJBエンジェルスは正統派。五紀と記代も歌も出したし努力もしてたんだけど、日本では、人気面では、少しくすぶってる感じ。飛鳥、千種に大きく水を開けられてた。

大方の取材はクラッシュ・ギャルズがメイン。五紀と記代は周囲から気難しい娘たちって思われてたんですよ。五紀は凛としすぎてるし、記代は感情の起伏が激しい。それに対して千種は人なつっこい、誰にでも。

レスラーには立ち位置が求められるから、ひとつの興行をこなしていくとき、レスラーそれぞれに違った役割というものがあるんだけど、観客としてはベルトを巻いてリングの真ん中に立つ人が主役だという認識をして見ますよね。そういうポジションがあれば、選手は自分もそこに行きたいという意識が生まれるだろうし、そこにクラッシュ・ギャルズがいれば、邪魔だという気持ちもあったでしょうね。

見方によっては確かに割を食った部分はあると思う。しかしそのおかげで長期間、海外遠征にも行けた部分があるし、結果オーライだったんじゃないかな。彼女のその後の人生にも確実につながってるし。

五紀と長与千種、ふたりともアスリート・タイプで、お互いに感性がすごく似てるところがあって、シングルの試合では非常に手が合ったんですよ。試合がスイングして、見てて飽きない。カードは当日発表のことが多かったんだけど、ふたりの試合が組まれているときは楽しみでしたね（濱部良典）。

クラッシュは、すんごいやりやすい相手。同じ時代に育ってるからなおさら。極端に言っちゃえば、もう、目をつぶってもできますすよ。こっちの実力もすごい引き出してくれるしね。そういうところがプロじゃないかな。こっちも引き出そうとするしね。それが重なったとき、お客さんがエキサイトする。

クラッシュとの対戦で記憶に残ってる試合はいっぱいある。ローカルでもあるし、長与さん、飛鳥さんとのシングルの試合もあるし。特に長与さんとは若手のころから対戦が多かった。

ふたり呼ばれてめちゃくちゃなルールをマネージャーに言われてね。ノー・スリーカウント、ノー・アウトサイド、ノー・ドロー、ぜんぶダメだっていうのよ。時間切れもダメだって。お前たちのなかで納得いく勝ち方をしろって。お互いそのとき昇り調子だったのね。だから、そういう意地悪をされることもある。それで客を納得させせて勝負つけろ、って。

いつもは「対戦カード、だれだれとだれだれでーす」ってバスで発表されて、「はーい」って言うくらいなんだけど。それもローカルでよ。テレビ撮りでもなんでもないのに。

期待されてたんだと思う。それだけでも、見せられる試合をやるだろう、っていう。そう思われてたんだと思う。ふたりで目が点になって、「とにかく、じゃあ、やろう」って。でも、終わり方、なんだったんだろう。最後、殴り合いみたいになって「あーっ、わかんない！」って言ったの、覚えてる。うん。でも結果的に、レフリー・ストップになったのかな。なんか、糞詰まりみたいな、後味の悪い終わり方だった。

でも新鮮でしたよ。お互い気持ちが引き締まるというか。終わっても、すごい清々しくて疲れない試合だった。

そういうことも、たまにやらされるんですよ。それは私たちだけだったのか、他の選手もそうだったのか、わからないけど。

一九八六年十月二一日木更津市倉形スポーツ会館での対ライオネス飛鳥戦の記事から、クラッシュ・ギャルズのどちらも、五紀にとって最高の相手だったことがわかる。その試合が五紀にとっていかに充実した内容だったか、伝わってくる。

試合が終わって控え室にひきあげてから、誰もいない部屋でしばらく五紀は呆然としていた。そして突然、腕立て伏せと腹筋を始めた。身体が温まっているとき筋肉トレーニングをすると、冷えた状態の数倍の効果がある。そうしているうちに、五紀の体の奥で新たな闘志が燃えていた。

飛鳥との試合は、「納得しつくして、闘いつくして、あ、これこそホンモノだって気分だったんでしょうね」。「勝ち負けってものも意識や体力と一緒にリングの外にぶっとんだような」状態だった（「Deluxeプロレス」一九八七年一月号、前掲）。

そして、翌年、ＪＢエンジェルスの試合は、週刊プロレスの86プロレス・グランプリで、女子プロレス部門ベストタッグマッチに選ばれた。三月二十日大阪城ホールでの対クラッシュ・ギャルズ戦。この賞はファンの声を反映させたものだった。

「プロレスはね、キャッチボールみたいなものだと思うんです。飛鳥さんや長与さんとやると、投げただけの力でボールがあたしのほうに返ってきて、力いっぱいボールを投げあいながらもっと高く、もっと高くって二人でのぼりつめることができる。試合をやってるうちに、あ、これがホンモノだ、と感じられるようになるんです」（前掲）。

長与さんはね、やっぱりなるべくしてスターになった人じゃないかな。とにかく二十四時間プロレスだったね、この人は。見てる雑誌はプロレスの本、見るビデオはプロレスのビデオ。すっごい研究したり練習したりしてたもん。

長与さんも若手のころ私と同じで太れなくて、しかも身体がアトピーみたいにラッシュ（蕁麻疹《じんましん》）になっちゃってね。原因がわかんなくて、長いこと、試合、組んでもらえなかった。そういうことも克服してはいあがってきた人だから、すごい強いんだと思う。あれよあれよという間に上がってく人って、ある程度キャリア積んだとき、何かあったら対処しきれないと思う。だから、やっぱり、長与さんはなるべくしてスターになった人じゃないかな。

ライオネス飛鳥さんは、賢い人。スマート。すんごく頭いい人。だけどちょっと不器用かも。凝りだすとのめりこんで、それぱっかりやってたね。

超えてやった、切れてやった試合って、私、見たことある。

プッツン切れちゃったって、あるでしょ？　切れるまで理性、あるじゃない、人って。記代がダンプちゃんに対しても切れたこともあるし、コンドル斎藤も切れたことある。

言葉も変わるんだよね。声も凄みがきくというか、なんというか。

ふだんも戦う態勢で試合に集中してんだけど、切れたときには表情もなにも変わる。相手を相手と思わなくなるときってあるでしょ、ふだん喧嘩してて。そういうの、なったことない？　ないか。みんながどうかわかんないけど、切れたときには殴られても痛くないいんだよね。うん。ましてその、ファイトする態勢であるから。

でもね、なかなかなれない、切れた状態には。

自分では感情を隠してるつもりなかったんだけど、私の場合、切れたことが見てもわかんないから、クールっていうイメージがあったのかな。

私がビデオで見たなかで、五紀が最も切れ、我を失くしていたのは、ダンプ松本との対戦。後楽園ホールでのその試合に、ダンプ松本は鉄パイプとハサミを持って登場し、リング上で五紀の髪を切ったのだ。そのとき五紀はまさに切れた。髪を両手で押さえ、パイプを奪って反撃したが、ダンプは竹刀を持ち出して暴れ、試合の終盤で、長かった五紀の髪をめちゃくちゃに切ってしまった。五紀は半狂乱だった。五紀によると、試合終了後、バスのなかで、ダンプ松本は「そんなに切ってないよ。あれでも加減してやったんだ」と言ったそうである。

エキサイトする試合を作る点で、ダンプ松本はまさにプロに徹していた。

五紀も記代も、ベテランから新人まで、すべての選手が自分の立っている場所を自覚し、それぞれに期待される役割を十二分にこなしていく。それがプロレスの世界。会社の都合や自分の希望、そういうレベルではなく、懸命にやっているうちに、無意識にそうしていた部分も多かったのではないだろうか。

クラッシュ・ギャルズのブームは、彼女たちのカリスマ的な魅力なしには成しえなかった。しかし、彼女たちの相手となって、強さを見えるようにし、我を捨ててくらいついていった有名無名多くの選手たちも一緒に作った、と言っていい。

技のすごさやスキルの高さよりも、なんでこの少女たちがプロレスに一所懸命になるんだろう、みたいな部分で、こちらに訴える力があった（濱部良典）。

五紀たち選手のひたむきさ、それが観客の胸に訴え、感動となり、女子プロレス・ブームを支えていたのだ。

クラッシュ・ギャルズとJBエンジェルスが頭角をあらわしてきたあたりから、今まで男子プロレスを見ていた男性ファンが女子プロレスに足を運ぶようになった。彼らは、アイドル的に女子レスラーを見る者はむしろ少数派で、男子と同じ目線で彼女たちの試合そのものを楽しみ、声援を送った。

アメリカ——ジャンピング・ボム・エンジェルスへの飛躍

♣3

1987年8月帰国前にニューヨークで

◆

転機は、ある日突然やってきた。

一九八七年のタッグリーグ戦で、ＪＢエンジェルスは四連勝した。昇り調子と思われたとき、記代が発熱、体調を崩し、不戦敗が続いた。最終的には優勝を逃し、十組中三位に終わった。翌年の一月九日、横浜大会でＷＷＷＡのベルトをかけてダンプ松本&ブル中野に挑むが、阿部四郎の不当な判定で没収試合に終わり、ベルト奪取は見送りになった。

そんな不調の時期、アメリカ遠征の話が持ち上がる。アメリカ最大のプロレス団体、ＷＷＦ（World Wrestling Federation）からの出場要請だ。

ＷＷＦは現在のＷＷＥ（World Wrestling Entertainment）。世界最大のプロレス団体。世界中で最も視聴者の多いプロレスといっていい。試合は会場はもちろん、世界中どこからでも、ケーブルテレビのＰＰＶ（ペイ・パー・ビュー＝有料放送）で、お金さえ払えば、生中継で観戦できる。現在は日本の団体も同じシステムを導入しているが、ＷＷＦは一九八〇年代半ばから有料視聴システムを開始していた。

ＷＷＦは創立時はニューヨーク地区の一プロレス団体。一九八二年、ビンス・マクマホン・ジュニアが実父ビンス・マクマホン・シニアからＷＷＦの権利を買取った。これがメディアを駆使した一大エンターテインメント産業へと転換する第一歩だった。
一九八七から八八年、ＷＷＦの観客動員数は最も多かった。本格的な試合の魅力で、ファンを広げようとした時期。ハルク・ホーガン、アンドレ・ザ・ジャイアント、テッド・デビアス、ランディ・サベージといった「ＷＷＦスーパースターズ」を中心に、アリス・クーパー、シンディ・ローパーなどのロック・シンガーをマネージャーとして登場させ、映画、ＴＶドラマ、雑誌などのメディアを使って、ファン拡大を狙っていた。といっても、レスラーは男子中心だった。アメリカでは現在まで、往年の全女に匹敵する規模の女子プロレス団体はない。

世界的にみても、一般的な評価では、女子プロはキワモノの世界で、それは今もさほど変わらないですね。キャット・ファイトとの境目で見られてきてる。顔や身体がきれいな子だったら裸になる。だからなかなかスポーツとしてのステイタスが上がっていかない。五紀はそういうの、嫌いでしょう。ディーバのなかにもプロレスができるタイプとできないタイプがいるんだけど（濱部良典）。

そのころすでにアメリカにはＥＳＰＮというスポーツ専門のケーブルテレビが登場し、全女の試合も放映されてファンの間で話題になっていた。男子と遜色ない技、スピード感のある試合を、ビンス・マクマホン・ジュニアが見逃すはずはない。すぐにＷＷＦは全女側に選手の派遣を要請し、フロントのジム・トロイら数人が、大宮スケートセンターに試合を視察に来た。それを見て、ＷＷＦ側のフロントが指名してきたのは、ＪＢエンジェルスだった――。

彼らが見に来るのは会社から聞いていたが、五紀はまさか自分たちに目が止まるとは予想もしていなかった。アメリカ行きは嬉しかったが、ＷＷＦのツアーに参戦することがいかにすごいことか、また、自分たちが彼らに高く評価されているんだという自覚は、ほとんどなかった。

全女フロントの意向で、まずクラッシュ・ギャルズとダンプ松本、ブル中野が渡米。その後、ＪＢエンジェルスの参戦が実現した。

ＪＢエンジェルスのアメリカ遠征は通算二度。第一次アメリカ遠征は一九八七年六月二一日から六週間。予想以上に人気が出て、一九八七年十月二三日から半年の予定で再び招聘される。しかしタイミングの悪いことに、あいついで全女から主力選手が離脱、その都合で、ＪＢエンジェルスは第二次アメリカ遠征の途中、一九八八年三月末で日本に呼び戻される。その後もＷＷＦ側は三度目の遠征を要請していたが、全女は話をキャンセルした。

初めてアメリカ来たのは十九歳のとき。
私たちの遠征はWWFからオファーが来たの。先方の外人担当者が大宮スケートセンターに来た。全女から売り込んだ話じゃないと思う。

そのときはクラッシュ・ギャルズの全盛だったから、会社が私たちJBエンジェルスじゃなくて、先にクラッシュに何試合か入れてくれって。クラッシュとブル中野とダンプちゃんは四人でアメリカ行って何試合かしたのかな。じゃあ、そのあと必ず、私たちが欲しいからブッキングさせてくれって約束で。

一回目の遠征のときはずっと自分で荷物持って、サーキット回ってた。六週間。全女の事務所で英語話せる人がついてきた。二回目は記代とまったくの二人だけ。二度目はね、二人で行ったら、空港にファビュラス・ムーラの事務所の人がいた。このときは半年っていわれてたんだけど、五か月。

胃が弱かったから、遠征決まって、環境変わるからってお友だちがすごい心配してくれた。そんなの、途中で投げ出して帰ってくるんだったら行かないほうがいいよ、って言った人もいた。

でも、合ってたんでしょうね。

一九八七年六月二一日、五紀は記代とともに成田空港からアメリカに向けて飛びたった。まさに飛躍だった。

ニューヨークのＪＦケネディ空港に到着した五紀と記代は空港周辺に一泊し、翌日、ニューアークからオハイオ州デイトン経由でインディアナ州インディアナポリスへ移動。ほとんど休みなしで二四日にはケンタッキー州ルイビルのケンタッキー・ガーデンでアメリカでの初戦を戦った。ＪＢエンジェルスからジャンピング・ボム・エンジェルスへ、五紀と記代が進化した瞬間だった。

対戦相手はレイ・ラニ・カイとジュディ・マーチン。日本での試合経験を持つ選手たちである。二五日には同じ相手とニューヨーク州ナッソー・コロシアムでＷＷＦ世界女子タッグ王座をかけて戦った。試合の内容はよかったが敵の勝利に終わった。それから六週間、ほぼ休みなしてカナダを含めた北米各地を転戦した。

名前は日本ではＪＢエンジェルスなんだけど、アメリカではフルネームのジャンピング・ボム・エンジェルス。その名のとおり、たくさん動いてくださいって。君たちだったらもっと動けるでしょ、花道歩くときも、なんで歩くの、駆け足で行かなきゃダメじゃない、日本のスタイルをそのままやっていいから、って。無理にアメリカのプロレスしなくていい。それが好評だったみたい。

試合そのものはきつかったですよ。

一回目の遠征のときなんか、ほとんど毎日、試合してました。カナダに行ったときにビザのトラブルで一回キャンセルしたけど、それ以外は連戦。土日は一日に二試合やった。

初めての遠征の日程を拾ってみよう。六月二四日ケンタッキー州ルイビル、ケンタッキー・ガーデン、二五日ニューヨーク州ナッソー・コロシアム、六月二六日ペンシルバニア州ピッツバーグ、二七日オハイオ州デイトン、二八日ミシガン州バトルクリーク、二九日カナダのケベック州モントリオール、七月一日ワシントン州スポーケン、二日オレゴン州ポートランドなど、全三八試合。(「Lady's 週刊ゴング」一九九七年五月二二日増刊号、日本スポーツ出版社)

広大なアメリカとカナダを、試合の翌日には移動するという強行軍。もちろん移動はほとんど飛行機だが、試合数の多い全女のロードに慣れた五紀たちにとってもハードな内容だったろう。休みがとれたのは最後の二日間だけだった。

そんな過密スケジュールなのに、第一回の遠征を終えて帰国したとき、五紀も記代も体重が十キロ増えていた。

アメリカのプロレスのほうが楽しかった。自分たちでがんばった結果がこうやって残ってるから、胸を張って話せるし、言えるんだけどね。

アメリカでやってから、自分のプロレスが変わったと思う。雑誌にも力強くなったって書いてあるでしょう。たくましくなったって。貧弱さがいまいち伸び切れなかった点だなっていう。

すごく新鮮でした。アメリカのお客さん、関係者の受けとめ方も。今までは日本のプロレスしか知らなかったから。アメリカだから、私たちほど技のできる選手もいなかったし。

最初は「フロム・ジャパン」てアナウンスされるだけでブーイング。ヒールもベビーフェイスもなかったんだけど、よそ者っていうことでね。それが試合やってる間に声援に変わった。リングの上でもそれがわかった。

日本は出る釘は叩く。アメリカは出る釘はどんどん出しましょうって国。思いっきりできた。それは、プロレスだけに限らないと思う。

アメリカは現場の監督や責任者も元プロレスラー。素人じゃないから「もっとこういうふうにやったほうがいいんじゃない」って言われる。アドバイス受けるとその通りやるのがアジア人。but とか if とかつけない。言葉も今よりもっとわかんないころだった。

日本は好景気、かたやアメリカは不況のどん底で、ジャパン・バッシングのピークだった。アメリカ人の観客にとって日本人は悪役《ヒール》。しかし五紀と記代の試合は、彼らの日本への悪感情を吹き飛ばした。それは今までのアメリカの女子プロレスの概念を変えた。男子の試合でも、これほどスピード感のある試合はなかったといっていい。

五紀と記代は水を得た魚だった。

ふたりの関係も変化した。とことん話し合う時間ができ、心理的な距離が縮まっていった。

第一回遠征帰国後のインタビューから。

五紀「今まで二人でこんなにプロレスの話をしたことなかったよね。」（中略）

五紀「それがアメリカに行っていちばん得れたことだと思う。二人の時間を持てたってことが」

記代「そうだね。移動がきついのに朝まで話したもんね。五時とか、寝ないときもあったもんね」

五紀「お互いに言いたいことを言いあったもんね」

記代「技は何も持って帰れなかった。だけど、その前にプロレスに対する考え方とかそういうのが、自分たちっていうか、記代自身、変わってきたんだよね。試合で勝つとか負けるとかの問題じゃなくて、どんなに自分たちが、お客さんが納得いかない試合であっても、一所懸命やってるって言うのがわかってもらえれば、それがいちばんいいんじゃないかって思ってるんだ、今は」

五紀「だから、結局私たちは日本にいたら気付かない、まわりの人たちには見えないものを感じてきちゃったんだよね」（「Deluxeプロレス」一九八七年一一月、ワフー水野）

プロレスが、苦しいものから楽しいものに変わった。それは五紀だけでなく、記代も強く感じていた。

体重が増え、それによって破壊力が増す。技を出したとき、相手に与えるダメージも大きくなる。ふたりの連携もスムーズになった。

帰国直後の八月七日、五紀と記代は、「タッグリーグ・ザ・ベスト87」で、その成長ぶりを見せつけた。対戦相手はレイ・ラニ・カイとアンジー・マネリー。結果は両軍リングアウト。九月一四日、大宮大会での、対クラッシュ・ギャルズ戦はＪＢエンジェルスの歴史に残る名勝負として評価が高い。五紀はミサイル・キック、記代はダイビング・ヘッドバットを応酬し、記代が長与千種にピンフォールで勝った。ＪＢエンジェルス会心の試合だった。このシリーズでは三位に終わったが、試合内容は満足のいくものだった。

そして、二度目のアメリカ遠征。

十月二三日、サウスカロライナ州コロンビアからサーキット開始。翌二四日にはマディソン・スクェア・ガーデンで行われたWWF世界女子タッグ王座に挑む。レイ・ラニ・カイとジュディ・マーチンの二人と戦い惜敗。二六日にはオハイオ州クリーブランドでのWWFサバイバー・シリーズで女子プロレスラー五対五決戦が行われた。五紀と記代が最後に残った。

そして、一九八八年一月二四日、ついに、カナダ・オンタリオ州コップス・スタジアムでグラマー・ガールズ（ジュディ・マーチン&レイ・ラニ・カイ）に勝ち、日本人女子レスラーとして初めてWWF世界女子タッグ選手権を奪取した。

この日、会場に詰めかけた観客は一万八千人。超満員だった。

試合は無制限三本勝負。全盛期を過ぎていたとはいえ、経験豊富なレイ・ラニ・カイとジュディ・マーチンを圧倒した。一本目は八分五一秒にジュディが体固めでフォールをとったものの、試合に緊張感を持たせるジャンピング・ボム・エンジェルスの作戦かと思うほど。二本目、五紀はマーチンにジャンピング・ニードロップやダブルアーム・スープレックスで逆襲。六分三三秒、五紀が回転エビ固めでレイ・ラニ・カイをフォール。五紀も記代も、持ち前のスピードに加えて、体重増加によって破壊力が加わっていた。二人の技の連携は相手に息もつかせず、切れ目のない攻撃が相手のダメージをさらに深め、余力を奪って弱らせていく。最後は七分四秒、記代がマーチンを片エビ固めでフォールした。ＷＷＦのプロレス中継の解説者だった人間風車ブルーノ・サンマルチノは、現場で「ナイス！素晴らしい」と繰り返した。ジャンピング・ボム・エンジェルスが三本目の勝利をとると、スタジアム中の観客が総立ちになっていた。

ベルトとったのは二回目だったと思う。

とにかく異例だったの、私たちは。本来ならＷＷＦの女子っていうと、今まで過去何人かレスラーを出してはいるけど、やっぱり技術が伴ってないでしょ。だから女子の試合は前座で終わってた。レイ・ラニ・カイは、私たちが行く前、女子の試合はせいぜい二試合目か三試合目だったって言ってた。最初は私たちも前だったんだけど、私たちの試合を見ると帰っちゃうお客さんが出てきて、途中からほとんどセミ・ファイナルだった。当時、ＷＷＦは三チームで回ってた。女子は私たちだけ。七試合あるなかの一試合が女子。そのころ一番人気のあったハルク・ホーガンとキラー・カーンがメインの試合で、その前に私たちの試合、組んでた。だから、実力は評価してもらってたと思う。

ベルトとったときなんて、ライブの三本勝負だったの。日本でいう六十分三本勝負。後にも先にもアメリカでそんな試合したレスラー、まずないのよね。

相手にも恵まれたし、すべてが揃ったのかもしれない。

対戦相手はほとんどレイ・ラニ・カイとジュディ・マーチン。でないと、ろくにトレーニングしてないし、試合にならない。絶対できない。「あんなことやって痛くないの?」っていうレスラーもいましたよ。

レイ・ラニとジュディは日本によく来て、日本のやり方を知ってる選手。ジュディものみこみが早かった。二人とも日本語の片言も喋るし。

もう亡くなったんだけど、モンスター・リッパーは身体がものすごく大きい人。彼女も日本で育ったからプロレスは上手だった。カナダ出身だったけどスパニッシュも喋ってたかな。

彼女たち、「五紀、どういう技やるの?」って聞くの。ふだんの会話でね。で、日本の女子プロレスの技は向こうも知ってるから、こういう技、使うよって。「日本で使ってなかった技、使う?」って聞くから、「今、こういう新しい技やってる」とか、そういうことは話した。ほとんど別にしてくれたけど、会場に余裕のないときは、控え室やドレッシング・ルーム(更衣室)も一緒だった。彼女たちも私たちのテイク・ケア(世話)してくれた。彼女たちにとっても、稼げた時期じゃない? WWFでアメリカの女子のレスラーが試合、組んでもらえることってなかったから。

私たちのタッグの連携、男子プロレスがコピーしてた。私たちはぜんぜん気づかなかったんだけど。「君たちがリングにあがったら、ドレッシング・ルームからオール・ボーイズが出てきて、みんな君たちの試合を見てるんだよ。（試合終了の）ゴングが鳴ったら、みんな見てないふりしてまたドレッシング・ルームに戻るんだよ」って。「あっ、だからみんなマネしてたんだ！」って。

身体が違うからね。こんな女の子たちが、っていうインパクトもあっただろうし、やっぱり日本人は器用だなって思われたかもしんない。

今はもうインターネットとか、見れるものがすごく普及してるじゃないですか。日本のプロレスの試合もアメリカで海賊版、売ってたりね。こっちのファンの人も日本のプロレスにもすっごく詳しい。でも、その当時は、試合見るしかなかったから。

その後のアメリカのプロレスへの影響？　うーん、多少あるかもしんない。

ＷＷＦの評価はわかりやすい。観客動員数がそのままレスラーのギャラや待遇になる。ＪＢエンジェルスの待遇がどんどんよくなったことからも、ＷＷＦが五紀たちを高く評価していたことがうかがえる。

二度目の遠征で五紀と記代を世話したのが、超ベテランの女子レスラー、ファビュラス・ムーラだった。余談だが、WWFのストーリーで彼女は若手レスラーと交際する。年齢差を越えた恋の末、彼女はめでたく妊娠する。月が満ちて彼女が産み落としたのは、人間の手首だった。


二回目の遠征で私たちのベースはサウスキャロライナ。最初はファビュラス・ムーラの側に住んでた。それがトレーラーハウスでね。あまりひどいんじゃないかって会社に文句言ってアパートに移してもらった。試合が終わるとそこへ帰ってきて、またそこから出て行くの。

ムーラは当時でもう六十歳過ぎてたと思う。すごく個性的な人。でなきゃあの年までリングにあがったりしてないでしょうね。

そこでは日本人なんて見なかった。コリアン・ストアはあったけど。その店まで歩いて四十五分だった。まだ行ったばっかりのころ、送ってったげるからって、車に乗ろうとしたら住所がわかんない。それで歩いて帰った。車に乗ってる人にじろじろ見られたけど、けっこう楽しかったですよ。後になってみないと、そういう生活って、よく残るか、悪く残るかわかんない。

ギャラは全女からは出ない。全てＷＷＦから支払われてた。確か最初は週八百ドルだったと思う。それプラス、ボーナス。ある日、現場の人が私たちのギャラ聞いて、それだけしかもらってないのって驚いて、それであがったの。

観客動員がよかったから、待遇もよくなったのね。自分たちがオファーかけて来たいっていったんじゃない、ＷＷＦが私たちを欲しいっていってきた話だったしね。食事代からレンタカー代からぜんぶ出てたの。ファイトマネー自分たちのことしか使わないのよね。

だから他の男子の人たちからはジェラス（嫉妬）されてたと思う。男性レスラーどうしではいじめもあるらしい。髪の毛を全部剃られたり、酒を飲ませてつぶして寝かせたりね。でも、私たちに対しては全くなかった。

トップのハリー・レイスが私たちの味方だったせいもあると思う。当時、男子レスラーの頂点にいたのがハリー・レイス。彼の申し出は誰も拒否できないくらい影響力があった。彼は「日本で自分はお世話になった」って、私たちを、もう、子どもみたいに可愛がってくれた。ダイナマイト・キッドやデイビーボーイ・スミスも親切だった。ハリーが私たちを大事に扱ったから、その下のレスラーも従うしかなかったんじゃないかな。

1988年2月28日　イリノイ州コリンズビル・シビック・オーデトリアム。WWF世界女子タック王座防衛に成功（vs　ジュディ・マーチン、レイ・ラニ・カイ）

ダイナマイト・キッドが空港で倒れたことがあってね。救急車で病院に運ばれたの。デイビーボーイ・スミスやハリーもついてって、どうなるんだろうと思ってたら、彼らと仲のよかったウォリアーが戻ってきて、君たちの世話を頼まれたから、めんどうみるよ、って。

コース表を見せあって、同じ日に丸つけて、今日は空港に誰がいるといった情報も教えてくれた。私たちはレンタカー代が支給されるでしょ。男子レスラーは自分で移動の交通費を負担してたからメリットがあったんでしょうね。

年末、WWFはクリスマスで二週間興行休んじゃうのね。その間、日本に帰りたいっていったら、君たちがアメリカに戻ってこなかったら困るから日本に帰らないでくれ、そのかわりアメリカ国内ならどこ行ってもいいからっていうの。それで友だちがいるから、ニューヨークに行かせて欲しい、って頼んだわけ。サウスキャロライナから飛行機で一時間だからね。ずっとマンハッタンにいて、そこの日本人の知り合いと、毎晩、朝まで飲んでた。

ダディと出会ったのは、そのとき。友だちのひとりだった。

アメリカの地方新聞には、試合の翌日のスポーツ欄に必ずジャンピング・ボム・エンジェルスの記事が出た。ＷＷＦは当時からレスラーのキャラクター商品を販売していた。五紀たちジャンピング・ボム・エンジェルスもアイス・キャンデーのＣＦに起用された。「私たちは日本から来たＪＢエンジェルス。アメリカも好きだけど、このアイスも大好き」というのがコピー。ふたりの映像と声が全米に流れ、知名度は一気にアップした。日系の女性スポーツ選手でアメリカ人が知っているのは、ゴルフの岡本綾子とジャンピング・ボム・エンジェルスだけだった。

このへん歩いてても声、かけられたもん。'Are you Jumping Bom Angels, all right?' って。'Yes' って答えたらすごいねって言われて、私たちもびっくりしたくらい顔と名前、知られてた。

そのときはレッスルマニア・スリーでカナダやヨーロッパ・ツアー参戦も決まってたの、ところが……。

六か月の契約だったのに、五か月に入ったくらいに、ダンプちゃんと大森ゆかりさんとデビル雅美さん、三人いっぺんに全女、引退しちゃったの。看板レスラーがいないでしょ。それで私たちを呼び戻せっていうことで、全女のフロントが途中で試合、キャンセルしちゃった。レッスルマニア・スリーも。会社がそう言ってるからとにかく帰れ、また次、必ずブッキングするからって。

だから、荷物、置いて帰ったの。そのころ歌も出してたし、もしかしたら自分たちの歌を歌わせてもらえるかもしれないって、コスチュームも一応、ぜんぶ持ってきてたのね。

帰国したら会社は後の話もみんな断っちゃった。それで遠征はおしまい。今の時代にそういうチャンスがあれば、会社を辞めてもいいからアメリカに残ってた。記代ともよく話すんだけど。でも、その当時っていうのは全女しかなかったから。会社が窓口で、なにもかも全部やってたし。

ともかく、時代とタイミングが悪かったというか。そうはいっても、その時代だからJBエンジェルスがWWFに目をつけられたのかもしれないしね。

ビンス・マクマホン・ジュニア？　もちろん会いましたよ。うーん、特別な印象はない。だからWWF側にどういう計画があったのか、私にはよくわかんない。私たちは責任者と話して試合するだけだから。ただ、ちゃんと試合のできる女子レスラーを探してたのかなとは思う。当時のWWFの女子はキャット・ファイトだったから、全女の試合見て、本格的なスポーツの方向性にもってこうとしてたのかもしれない。

それが一九八八年。

まあ、ＷＷＦは私たちがいなくても代わりはたくさんいますからね。いなくなってＷＷＦが傾くとか、影響ないわけじゃないですか。トップのレスラーが、二、三人抜けても平気ですからね、どんなに売れてても。選手の層は当時から厚かったから、また育てればいいわけですから。そういう団体ですよ、ＷＷＦは。

テレビ撮影の日、バックステージには、Ａ、Ｂ、Ｃの三チーム全選手、メジャーデビューを目指すマイナーなインディーズ団体の選手からトップクラスの選手まで、三百人ものレスラーが集まるの。そこに呼ばれたとしても、リングにあがれるとは限らない。そんな選手も、その場にいたいから帰らない。レスラー三百人が一同に集まって食事する光景は壮観だった。そういう場にはジャージは厳禁、ちゃんとドレスアップしてかなきゃなんないんだけどね。

ＷＷＦからＷＷＥになって下火になったって言われてますけど、日本の低迷とはレベルが違いますから。とにかく日本とはスケールが違いますよね。

ＷＷＦは全日本女子プロレスを辞めてうちに来いとまで申し出た。しかし、ふたりは会社の指示に従った。

マイナスになるものはなにもなかった。ひとことでいえば、それかな。アメリカ行くまではプロレスは苦しいものでしかなかったんですよ。アメリカのリングあがって、初めて、プロレスが楽しくなった。おもしろい、一生やりたいって思った。子どもの頃の夢だった、憧れだったたって再確認した。できる限りやろう、って。それがなかったら今も続けてない。だからアメリカに行ってよかった。

いったんプライベートを切って、プロレスにうちこめるようになったのが、アメリカ遠征だった。それから五紀とわかりあえたかな。仲よくなったのはほんとにアメリカ行ってからだもん。そこで二人きりだったから、五紀も私もうまくやっていこうという意識があったかもね。誰もいないし、どうせだったら二人でがんばろうって。

先輩も後輩もいなかったからよかったのかな。

日本のプロレスも知らないのに、アメリカのプロレスなんてもっと知らない。私はほんとにプロレスを語らせたらトンチンカンなんですよ。私たちはただ一所懸命やっただけ。技術的には、日米で受身も投げも違う。日本は右、アメリカは左。今、井上貴子はそれを直すので苦労してるけど、その当時、私たちは平気で右でがんがんやってた。

でも、向こうでは見られてたね、盗まれてたね。でもうちらも盗んでたけどね。

WWFのレスラーには、みんなに本当によくしてもらった。男子の選手が、日本で試合して馬場さんにお世話になった、猪木さんによくしてもらった、いい思いをしたっていう、それがあるから、馬場も猪木も関係ない会社だけど、日本から来た女の子にはよくしようって意識があったんじゃないかな。イジメもあるみたいなんですよ。それなのに誰もがやさしくしてくれた。年齢的にも可愛がってもらえる年だったから、私たちも鼻につくような生意気さがなかったんだと思うよ。お酒も飲ませてもらえない。必ずパスポート持ってないといけない。言葉も話せないし、何やってもいつもうろうろしてるから、誰かが助けてくれた。遠征に行って、日本にいる時外人に冷たかったと思った。日本に帰ってからどれだけ外人選手によくするようになったか。

ギャラに関しては、全女は私たちがいくら稼いでるか、全く知らなかった。アイスクリームのテレビ・コマーシャルに出たんですよ。そのときはもめたみたい。選手にはギャラないんですよ。そのCMで自分たちを売って、それでキャラクターグッズが売れたらそのお金は多少入る。

あと半年アメリカでやってたら、と思う。五紀も後悔してるけどね。ホーガンの奥さんが子どもを産んで、彼も産休とってたんですよ。その間のメインに初めて女子の試合を回すことになって、私たちの試合が予定されてたのに。

全女は自分の団体が安泰だったらいい。そうだとしてもクラッシュ・ギャルズがいればばいいっていう考えだったんだろうけど、ＷＷＦに対しては、ＪＢエンジェルスばかり行かせられないって言ってた。そんなに長いこと、俺んとこも貸せねぇよ、みたいな。

私たちもアメリカでやりたい気持ちはあったんだけど、すごいことをやってると思ってなかった、そのときは。日本でも生活できるし、会社ともめてまで行かなくていいか、って感じ。今だから「あのとき全女を辞めとけばよかった」って思うけど、「辞めてアメリカ行こうよ」とは、五紀も私も言わなかったのよね。

当時は、みんな、名を残して五年で引退していってたんですよ。私の場合、優れた選手じゃないっていうのは自分ですぐわかったんで、何で名前を残すっていったら、長くやるしかないなと思った。そのときに自分で立場を選んでた。私はほんとに女子プロレスが大好きだったから。

私はね、体力がね、今でもないんですよ。十人が十人、お前がいまだにレスラーしてるのが信じられないっていうのが共通の言葉。絶対に続かないと思ったって。本人だけが長くやろうと思ってた。チャンピオンとか目指さずにあくせくしてないところで長続きしてるのかもしれない。

四十歳は区切りだけどね。デビル雅美さんを見ながらやってるから。

それにしても、今の時代だったら、あの頃の私たち、すごい人だよね（立野記代）。

全女のフロントはわかってなかったんですよ。海外のメジャーな団体で登りつめることが、どんなに大変なことか。定期的に外人選手は呼んでたけど、そのための部門があったわけでもなかったし。逆に言えば、松永兄弟に限らず、選手たちもわかってなかったんですよね。

アメリカ人みたいに、この会社ダメだからスパッと辞めて別の会社に移るっていうのでもない。やっぱり育った会社だから思い入れはあるわけじゃないですか、看板に対してね。他に競争する団体がなかったから。

松永兄弟とは、選手生活のなかで、特別な摩擦はなかったですよ。私は言うことは言ってました。受け入れられることもあれば受け入れなかったこともあります。そりゃ、選手側からとしては意見、ありますよ。あるけど、別に憎まれてたほうでもないだろうし。現役時代にいろいろあったっていっても、些細なこと。選手側の愚痴みたいなもんだから。

全女フロントは、帰国を要請したにも関わらず、ＪＢエンジェルスのアメリカでの活躍をそれほど評価しなかった。

帰国後、スタッフのひとりが試合のパンフレットの表紙をＪＢエンジェルスにしようとした。撮影も終わって印刷もあがっていた。すると、それを見た会長は「ＪＢなんか売れるわけないのに何やってるんだ」と激怒。即座に表紙を破り捨てた。その指示で、表紙は後輩のファイヤージェッツ（堀田祐美子&西脇充子）に変えられた。

このときの悔しさは、五紀の記憶から、生涯、消えることはない。

全女としては、クラッシュ・ギャルズさえいればいい、クラッシュでお客さんが入って興行成績もあがるという考え。たまたまデビルさん、大森さん、ダンプちゃんが辞めて、人数が足りないし、話題作りにＪＢエンジェルスを呼びもどせ、ってなっただけ。この三人が辞めるのも、「じゃ、一緒でいいか」ってくらいで、別に会社側ともめたりしてないと思いますよ。

松永さんたちは、そんな深刻に考えない。全部アバウトですよ。よく成り立ってたな、っていう。先の計画とかビジョン？　全くなかったですね。来るものは拒まず、去るものは追わず、どうにでもなるだろうってところが、大幅にあります、大幅にね。

会社側でお膳立てして人気が出たっていう話は聞いたことない。ビューティ・

ペアは沖縄巡業から帰ってきて、急に人気に火がついたって聞きました。クラッシュ・ギャルズも徐々に人気が出てきて、急にわーってなっちゃったから。売ろうとして売れないペアもいたでしょうし。

選手を商品として大事にするっていう意識が会社側にあれば、もっとやる気が出たんでしょうね。釣った魚に餌はやらないっていう表現がぴったり。あのスケジュールをこなしてあのギャラは少ないですよね。

トータル十年やって、人気が出てからは平均すると月五十万円か六十万円もらってたかなあ。後半は一試合いくらのファイトマネー。タイトルマッチがあれば、それがボーナス。タイトル戦が一試合で三万円だったかなあ。月三試合やったら十万くらいもらえる。年に一回、ボーナスをバーンとくれるわけじゃないし、やっぱり納得できない。

なんでもそうでしょうけど、職業って自分がやってないとわかんないじゃないですか。感覚的にも、気持ちも。松永さんは柔道とかボクシングとかはやってたけど、プロレスの経験はなかった。大きな怪我しても、骨折るくらいだったらたいしたことねえよ、っていうくらい。完治しないまま試合続けさせてた。レスラーの人数が多かったから、休むと他の選手に抜かれてしまうっていう焦りもあるじゃないですか。競争だから。リングドクター呼ぶのもテレビ中継のときくらい。それも私の現役時代の後半ですよ。それで二十五、六歳で定年にして、お嫁に行って欲しいって、ちょっと矛盾してますね。

二十五歳定年も、はっきり言えばよかったんですよね。プロレス以外の部分で幸せになれ、出産するかもしれないから、身体のことを考えなさい、って。だけどそれを言わずして、一所懸命がんばってきたのに引退するように仕向けられるっていうのは嫌じゃないですか。自分はプロレスができるんだっていう自負もあるし、プライドもできてるし、人気だってファンがついてるの自分でわかる。会社はうちは二十六歳で引退だよって宣言して、その時期に来たとき、続けるか辞めるか、選手に選ばせればよかったんですよ。

ともかく、アメリカ遠征は、「もうないから」って言われて、それっきり。

それは、プロ野球で野茂英雄投手が活躍するはるか前のことだった。

クラッシュ・ギャルズでさえアメリカではブレイクしなかった。

その後も、多くの日本人レスラーがアメリカに渡った。長期的にアメリカのマットで試合した、マサ斉藤、グレート・カブキ、キラー・カーン、天龍源一郎。海外武者修行としてアメリカやカナダ、メキシコのプロレス界に派遣された選手も数多い。現・全日本プロレス社長の武藤敬司も一九八九年、グレート・ムタとしてＷＣＷに参加。最近では、みちのくプロレスから海援隊（フナキ＆タカみちのく）やＴＡＪＩＲＩが進出。二〇〇三年にはウルティモ・ドラゴンが入団した。

だが、ＷＷＦからの強い要請を受けて招かれ、ベビーフェイスで人気の出たレスラーは、ＪＢエンジェルスをおいて他にいない。

ＷＷＦに参戦した天龍源一郎ですら三試合目の扱いだった。世界中のレスラーが集まるＷＷＦ。時代の差をさしひいても、いかにＪＢエンジェルスが特別な存在であるかわかる。

もし全女が二度目の遠征をＷＷＦの要望通りうけていたらＪＢエンジェルス伝説は、さらに輝かしい物語になっていたに違いない。

二〇〇四年、インターネット上にアメリカのファンが作ったジャンピング・ボム・エンジェルスのサイトには「日本の女子プロレスは世界で最も残忍で激しい」と書かれていた。

今のプロレスができるレスラーは五紀っぽいというか、ＪＢエンジェルスは記憶のなかに刻み込まれてると思いますよ。今のＷＷＥのレスラーのなかにも日本で試合したいって選手がいるみたいだし（濱部良典）。

不完全燃焼に終わったアメリカ遠征だったが、それは、五紀にとっても、記代にとっても、人生の大きな分かれ道になった。まだ友だちの域を出なかったにせよ、五紀は後に結ばれる永井勇巳と出会い、記代は心の奥でプロレスを続ける決心を固めていた。

しかし、その時点では、まだふたりとも人生の岐路に立っていることに、まだ気づいていなかった。

♣4

東京ふたたび

——全女からジャパン女子、そしてプロレス卒業

1991年12月22日引退試合（後楽園）

◆

一九八九年五月一四日、山崎五紀は全日本女子プロレスを引退した。

入門から八年。五紀は二十三歳。いつのまにか先輩はライオネス飛鳥だけになっていた。同期の立野記代以外は全員後輩だった。

記代も一緒に辞めるつもりだったが、全女側は給料を五万円アップするから残ってくれと頼んできた。記代は了解した。五万円上乗せした給料が支払われたのはそれから三か月間だけだった。

後楽園ホールでの五分間の引退エキシビションマッチの相手は、やはり記代。アメリカ遠征のとき、五紀の姉妹から贈られた白い水着に薄物の着物風ガウンをはおって五紀は登場。いつもおりにしようとしているように見えた。時間切れで試合が終わると、五紀と記代は微笑んで握手した。試合に続く引退式で、五紀はマイクを握った。

「いままで、こういうふうにリングに立って」

そこで言葉に詰まった。感情の波がこみあげて、少し涙ぐんだ。

「こんなにリングが大きく、広く感じられたことはありません。このリングで、いろんな涙を流しました。これからも、いままで通りの自分で前を向いて歩いていきます。プロレスと出会ったことで、いろんな人に出会うことができました。これからも山崎五紀をよろしくお願いします」

言葉が終わると十回、ゴングが鳴った。五紀のテーマに合わせて、花束が贈呈された。歌のコーナーでは記代と一緒に「(CHANCE)[3]」と「青春のエンブレム」を歌った。

この後、姫路厚生会館、瀬田川SPホールに出場し五紀は全女のリングを下りた。しかし、プロレスそのものから引退する気はなかった。表向きには参戦表明してはいなかったが、すでにデビル雅美からジャパン女子参戦の誘いが来ていた。

引退って形をとっちゃったけど、プロレスやめる気はなかった。ただ全女をやめるってだけで。

会社の評価が低いとか、不満とか、そういう原因があったわけじゃない。辞めたのは、自分がやってて、おもしろくなくなったから。仕事ってそうじゃないですか。のってるときって、こう、ぼんぼんひらめくじゃないですか。そういうものがなくなってきてた。頭と身体が一体化してないっていうか。

マスコミにも言いたいこと話してたほう。週刊プロレスの濱部さんがなんでも聞いてくれ、受け入れてくれる人だったな。

会社が私に辞めて欲しいっていう空気は感じてた。去る者は追わず。引きとめられることはないです。
私は十五歳で入って、二十五歳で引退。だから現役が十年。ビューティ・ペアの時代、現役は五年だった。五年でだいたい世界タイトルまでいって引退してた。もっとハードだったんですよね。
全女は良い意味でも悪い意味でもいろいろ学んだ「学校」。十五歳で入って、右も左もわかんなくて。「ああ早く田舎から出たい」と思って、その一歩が私の全ての始まりだった。いま、今日《こんにち》までのね。

ほんとに充実してた。五紀が全女を引退するときには、全日本女子プロレスが始まって二十五年くらいたつんだけど、そのなかで一番のタッグだって、みんなに言われるくらい、公私共に仲良くなってた。それは二人とも自慢できる（立野記代）。

五紀は一九九〇年五月二一日、福島県会津大会からフリーでジャパン女子プロレスに参戦する。日本の女子プロレスは、一九六八年の旗揚げ以来、全日本女子プロレスによる独占が続いていた。その状態を初めて崩したのが、一九八六年一月創立のジャパン女子プロレス。主力選手は、全女を引退したジャッキー佐藤のほか、神取忍、キューティー鈴木ら。

この時代の五紀の試合は動きがぎこちなく、やりにくそうな印象を受ける。お互いに手がかみあわない。五紀の技を受け、魅力を発揮させる相手がいなかった。

他の団体に行くことに関しては全女はなにも言わなかった。

ジャパン女子って神取忍の団体ができてた。神取はその前に長与さんと試合するとかやらないとかいう事件があったのよね。そのときは他団体がないから免疫もないし、「えっ、よその者、リングにあげんの」みたいな雰囲気がすごくあった。「なんで?」「プライベートで会って話してたんだよね、絶対に」なんてね。いろいろ噂が飛びかった。やっぱり自分の団体、持ちたいからじゃないですか。使われてるより。気の合う人間ばっかり集まってるわけじゃないしね。会社に対していろいろ意見のある人もいるだろうし。出資してくれる人さえいればできますからね。

フリーで入ったときはバッシングがすごかったですよ。逆にジャパン女子によそ者が来たっていう。一部の選手ですけどね。私が入った当時、新日本プロレスの道場を借りてたんですよ。すごくよく覚えてるんだけど、選手を全員集めて挨拶というか、顔つなぎするからって社長に言われて、行ったんですね。ところが風間ルミや、尾崎摩弓は後から遅れてきて、挨拶もなかった。だからってひるむとかはない。

尾崎や風間は体が小っちゃかった。全女は私が痩せてるほうでしたから。子どもとやってる感覚ですよね。同じ釜の飯を食べてない、練習も試合も違いましたから。こういうやり方もあるんだな、って思えばいいんだけど。

五紀がプロレスそのものから引退するのに、それほど時間はかからなかった。永井勇巳との結婚が決まり、彼の住むニューヨークへ行くことになったのだ。

女子プロレス全体の盛衰を見ると、自分の進退に関する五紀の判断は的確だったといえる。九〇年代前半が第二次女子プロレス・ブームの最盛期。九〇年代中期以降、女子プロレス団体は分裂をくりかえし、スターレスラーの世代交代は進まず、人気にかげりが見えはじめ、その後は現在まで、往時の盛り上がりをとりもどすまでに至っていない。

結婚引退の試合は一九九一年一二月一二日、ジャパン女子後楽園大会でハーレー斎藤とタッグを組み、イーグル沢井&ダイナマイト関西との対戦。五紀はアメリカで試合をしたときの巫女風リングウェアで登場。結婚引退と紹介されるとリングに視線を落とし、はにかむように笑った。笑顔はあったが、涙はなかった。

1991年12月22日　ジャパン女子引退試合（後楽園）

五紀の表情は、さっぱりとして、晴れ晴れとしていた。やることは全てやった。悔いはない。そんな思いがあったろう。

ダディからプロポーズされたとき、まだ現役だったから、会社（ジャパン女子）からは辞めるなっていわれた。

実はね、結婚してからも、WWFからオファーがあったの。メデューサっていう人がいて、その相手として。でも、話があったとき、瑠夏を妊娠してたし、プロレスはやるつもりないって言った。それでブル中野が来た。そのとき私が妊娠してなかったら、彼女は来てなかったかもね。やるからには百パーセントの自信を持ってやったと思うし。経験もあるから。

九〇年代、WWFは女子プロレスを何度か売り出そうと試みる。メデューサはかつて全日本女子でプロレスを修行した逆輸入レスラー。WWFはアランドラ・ブレイズという名前でデビューさせる準備をしていた。ところが、彼女と対戦できる相手がいない。五紀に断られれば日本から招聘するしかなかった。一九九四年、全女のトップ・ヒールに成長していたブル中野がWWFデビューする。第二次女子プロレス・ブームを下支えしながら、実力をつけたレスラーといっていい。この年、男子レスラーでは新崎人生も HAKUSHI White Angel としてＷＷＦに長期参戦している。

ＷＷＯＷ（ワイルドウーマン・オブ・レスリング）や、日本のデビル雅美（ＪＷＰ）からも復帰要請はあった。異種格闘技戦に出場する誘いもあった。しかし五紀は全て断ってきた。誰からのどんな依頼でも、山崎五紀は、正式にカムバックすることはなかった。


現役時代、異種格闘技戦の話もあった。でも私は断ったの。プロレスラーだから、プロレスの中でプロレスラーとしてファンに喜びを与えたい。

だけど、プロレスを引退したら、たとえ結婚してなくても、この世界に残るつもりなかった。

未練？　ぜんぜんない。後悔したくないと思って辞めたし。自分がしたくてやるんじゃなくて、生活のためにやるんだったら、なおさらやりたくなかった。

そりゃ、てっとり早いですよ。身体は覚えてるし、名前はそこそこ残してる。やってできないことはなかった。けど、あえてやりたくなかった。

結婚したから言うんじゃなくて、これは現役時代に決めてたよね。

ずっと本名で続けてきたでしょう、だから自分の名前にこだわりたかった。名前とキャリアを大事にしたかった。「まだやってんの、あの人」じゃ、ヤだったの。伝説までいかなくても、「ああ、もう一回、見たかったよね」っていう存在のままでいたかった。

引退後、レスラーにはいくつかの選択肢がある。指導者やレフリー、芸能界への転身だ。しかし、五紀はそのどちらにも心が動かなかった。五紀はニューヨークで一主婦として生きる道を選んだ。

こうして、山崎五紀は、伝説の女子プロレスラーになった。

今、五紀はプロレスを、どういう視線で見ているのだろうか。

今の時代と私たちがやってた時代と違いますしね。第一線から退いた人間と現役の意見は違うと思いますが、やめた側としては、こうあって欲しいという理想はありますよ。

全女が倒産になって、辞めたものとしては非常に残念ですよね。影かほるって、松永ファミリーの姪で元ダンプ松本の影武者やってた女性が井上貴子のマネージメントしてるんだけど、彼女がうちに来てね、まだ興行はやってるけど、事務所もレストランも元の場所にないって聞きました。松永兄弟の子ども世代が、いとこどうし協力してがんばってるから、その点が唯一の希望の光。期待してます。できると思いますしね。ところがね、親たちは引退するって言っておきながらまだ現役で、なかなかリタイアしてくれないから困ってた。若い世代がいろいろやろうとしても会長の最終的なOKが出ないと事を動かせない。マッハさんやビューティ・ペアの時代からやり方を変えないんですよね。

やっぱりとにかくアバウト。そのつけがきちゃったんですよね。会社内部、経理はぐじゃぐじゃだったんじゃないですか。女子プロレス界のいちばんの老舗だし、どうしても守ろうと思ったら、やっぱりスマートに考えないとだめじゃないですか。いくらお金がない、ないっていっても、自分たちは大きな立派な家に住んでて、生活はキープしてるわけでしょ。新日本プロレスの話なんか聞いてると、全日本女子にはないものを感じます。本当の会社っていうものはこうなんだって。自社ビル持ってる団体なんてなかったですからね。

選手たちは、今でこそ、みんな、言いたいこと言ってるっていってますけど。私たちからすると、「えーっ、そんなことまで言うの、信じられない」みたいなことまで。松永兄弟もパワー・ダウンしたなっていう。私が現役のころはもっと威厳がありましたしね。そういうの聞くと、ちょっと、悲しいですよね。日本のプロレス界じたい、人気が低迷してますね。プロレスって歴史が長いじゃないですか。そこへ新しいものがぽんて来た。ずっとプロレス見てる人はわからないけど、新たに見る人には、K1とかプライドは新鮮でしょう。ファイティング・スタイルも異種格闘技のほうが受ける。プロレスていうのが背中合わせにあるから。もちろん流す血はホンモノだけど。プロレスラーって骨が折れても試合できるから、観客に真剣さが伝わらない、そういうのが嘘っぽいのかも。

時代の流れには勝てない。やっぱりお客さんが大事ですよね。選ぶのはお客さんだから。

私のなかでは、特別、見たいと思わないんです、今のプロレス。育てれば育つんじゃないかっていう子はいますよ。日本に行って試合見ると。私がいたころも今も。

元は全日本女子プロレスって団体しかなかったわけじゃないですか。ジャパン女子ができても、組織的にはやっぱり全女にはかなわなかった。LLPWは神取忍が立ち上げたけど、他の団体でアタマ張ってるのは、ほとんどみんな元全女の選手。ベテラン選手も全女出身の人たちばかりなんですよ。全女以外の団体はNOだって言ってるわけじゃない。なぜ選手を残せないのか。

それぞれがカラーを打ち出して、やっぱりこの団体が一番いいよねって思ってもらえるようになって欲しい。一所懸命なんだろうけど、あってもないような団体も多い。試合とれない、入れられない、できない、それを世間一般が不況でしょうがないよねって終わらしちゃったら、全て終わりじゃない? 厳しいながらもどうにかして、一人でもお客さんを入れようってがんばってる団体があるかどうか。一般企業だったら、小さい会社でも売り上げ伸ばしてる会社、この不況でもあるわけでしょう。

私は、女子プロレスは、もっともっと組織的に作っていいと思うんですよ。

女子プロレス全体を頭に置いて、もっと自由な発想で、バランスを考えないと。例えばトップレスラーを集めてミーティングするとか、そういうことをやらないと女子プロレスの伝統は消えちゃうでしょうね。今は試合のスケジュールも少ないじゃないですか。それぞれの団体で人数が足りない所もあるわけでしょう。上の選手が常にクロスしてれば、団体を一本にする必要はない。うちはこういうことを考えてる、じゃあ時期をずらそうとか、意見交換することが大事でしょうね。

そうしないと日本の女子プロレス全体として低迷から脱出できない。

フリーの人ってたくさんいるけど、私から言わせると本当のフリーじゃない。フリー契約とか、ペーパー上のこと。フリーたるものどうあるべきか。変なところでなあなあになってる。いろんな団体にフリーで行けるからフリーなのよっていうんじゃない。フリーの選手の身の回りのことを、その団体の若手がやってたらおかしい。

プロレスはお金かかって当たり前だもんね。五百円とかだったら別だけど、それなりのお金とるわけでしょ。だったらもっと楽しませてあげないと。

まず全体的なレベルアップをしないとお客さんは入らないでしょう。プロレスやるなら男子に負けないくらいの試合やんなきゃ。動く選手はいっぱいいるんですよ、女子でも。女子がそれだけダイナミックかつハードに闘えることを示すことですよね。やっぱり女子にしかできないプロレスってありますからね。同時に美も追求して欲しいし。

アメリカでは、女子プロレスは、いまだにランジェリーつけて、お色気路線の扱いになっちゃうところがすごく嫌ですよね。まあ、そういうのも女だからできるんでしょうね。日本でも男子レスラーが交際していた女性に刺された事件があって、それに対するマスコミの書き方が、あまりにも男子レスラーのサイドに立った文章だったんで、そのときはちょっとアタマにきました。

でも、女子にしかできないプロレスが、あるんですよ、絶対。

プロレスだったら私は西村修選手の「無我」、すごく好きです。シンプルだからこそ難しい。派手なものをすればみんな喜びますよ。

今の女子って、形はできるんです。だけどつなぎ目ができない。ひとつの技をやるとき、技だけじゃなくやる前とやった後の姿勢がものすごく大切なんです、私の理論からいくと。それではじめて次の技に移る。相手の攻撃を待たずして攻撃するやり方と、相手の攻撃を受けて次の攻撃を待つやり方。私は記録はどうでもいいと思うんです。記憶に残るレスラーを作りたい。もちろん勝てばいいですよ。試合に勝ってベルトもとる、それにこしたことはない。そういう結果は、なんでなりたつかっていうと基礎ですよね。基礎ができてなければ技が完成されない。きれいで忠実な受身をとって欲しい。バーンと倒れて起き上がるときの、その起き上がり方に私はこだわってきたし、また今の若手にもこだわってほしい。だけどそういうことを教える人も、そういないんでしょうね。

週プロとか写真で見るだけだけど、きれいな人がいないよね。自分たちの時代にいたってことじゃなくて、今の時代にマッチした選手がいないよね。今、一般人の子なんてすごくきれいじゃない。なんでこういう子しかこないのっていう。キャリアを持ってる人たちも身体を大っきく見せるだけじゃなくて、ボーイッシュに見える人は「ベルサイユのばら」から飛び出てきたような、それぐらい磨かないと。見栄張るところは見栄張って。見た目のきれいさも大事。表だって雑誌やテレビに出る仕事じゃないですか。素人の人には芸能人と変わらないくらいの見方をするでしょう。ヘア・スタイルひとつとっても、みんな茶髪でどれが誰だかわかんないように染めてないでね。個性が似てるよね。水着の違いで判断するしかない。どっちにしても人に見られてる仕事ですから、普通の人とは違う自覚を持たないと。

なかには不器用な人がいてもいい。十個ダイヤモンドが揃ってなくて、一個砂利石があってもいい。五個も六個も砂利石だと困るけど。そうすると砂利石は砂利石なりに輝く。目をひくんですよ。見る側は肩の力抜いて見ようかって思う。

まず現役でやってる子たちに夢を与えてあげたいと思いますね。キャリアを積んでない選手に、まず夢をあげたい。彼女たち、全盛時代を味わってない。アルバイトしながらプロレスしてる。できればそれをはぶいてあげたい。私が言うまでもなく現場で働いている人は思ってるでしょうけど。

今、日本だと、どっかしらやらせてもらえるじゃないですか。小っちゃいことに満足しないで向上心を持って取り組んで欲しい。いろんな異種格闘技やるのもいいし、男子みたいにもっと幅広く海外に出て欲しい。チョイスがいっぱいありますけど、あえて世界に挑んでもらいたい。選手は自信がなかったり不安だったりするんでしょうね。海外に出るっていうイメージさえないんじゃないでしょうか。アメリカのインディーズでがんばってる女子選手にもワンステップずつあがってって欲しい。WWEと契約結ぶのもいいし。

もしお金がふってきて、こっちで女子プロレスの興行が打てるとしたら、若い子たちをたくさん呼ぶ。海外の空気を吸ったことのない子たちに、こういう世界もあるんだって、少しでも経験させてあげたい。昔の全女みたいに、専務、課長クラスの選手がばーっといて、若手は言いたいことも言えないんじゃなくてね。

キャリアを積んでる選手がたくさん残ってるでしょう。その存在のせいで後輩が止まってるんじゃないですかね。クラッシュ・ギャルズにしてもそうだけど、私と同世代の選手が看板になってやれば新人でいくよりチケットは売れるでしょう。昔は「じゃ、試合やれ」ってガンガン実戦やらされて、自分の目で見て、自分の身体で感じながら覚えるやり方だった。ただ、その当時のことをそのままやってたら、新人が入ってこないでしょうね、今の時代。ベテランはもっと経験を活かして欲しいですね。後輩の指導にしても、身をもって自分が経験してきてる世界ですから。自分がリングに上がって役に立つんじゃなくて、裏方に回ればもっと良くなるんじゃないかと思うんですけどね。てっとり早く生活を成り立たせるために現役を続ける、あるいは、本当にプロレスが好きで好きでここから離れたくないっていう人もいるんだろうけど。次の時代につながるような、経験の活かし方をしないとダメだと思う。

プロレスラーも、幅広くいろんな人に夢を与えて欲しい。今、やりたいことも見つかんないような人もいるでしょう。自分を表現するのが下手になってると思う。大人が夢を与えないんですよ。大人ですら夢を見つけられなくなってる。それが引きこもりにつながってるし、殺人にもなる。しちゃいけないことをしてしまう。自分に自信が持てないでしょ。逃げ道が人を傷つけることになっちゃってるんですよね。やってみようっていうチャレンジ精神が持てない。我慢する忍耐力に欠けてる。スポーツって、すごい薬ですよ。太陽の光あびるでしょ。きれいな空気を吸うでしょ。音楽や絵を書いたりするのも素晴らしいと思うんですけど、汗を出すってことが大事。そして、歯をくいしばる。もう一回できるよって、わなわなしながらでもやろうとする。それが精神力、忍耐力。すべてのものが出るんですよ。

どの世界も奥深いですけど、女子プロレスも深いですよ。日本の女子プロレスって、技術も高いし、見せられる仕事ができる人が多いから、まだまだ未来に期待してます。

二一世紀の女子プロレス。それはどんな形で展開するのだろう。それとも、このまま、ブーム世代と共に終わってしまうのか。その未来は、これからの数年で決まる予感がしてきた。

5 ニューヨーク

――永井五紀としての歩み

2005年７月28日３人の子どもを連れて里帰り。井上貴子、記代が合流（恵比寿ガーデンプレイス）

◆

五紀は現役時代、結婚についてこんなことをもらしている。

「第一にそのヒトの考え方とか、生き方を気にするね。」「ちゃんと仕事をしてて、自分の生活をしっかり維持してるヒト。足元がグラついてないっていうのかな。」「ジャンボ（堀）さんなんかはすごく成功したなって思う。すぐ結婚して、仕事（居酒屋）は大変そうだけど、とても素敵な家庭だし。」「結婚してから外に出て働きたくはない。料理とか、家庭的なことは好きだし、いい奥さんになれると思うんだ。ぜいたくでわがままな性格でもないと思うし。」（「Deluxeプロレス」一九八七年四月号「私の男性観」、濱部良典）この思いに、永井勇巳氏はぴったり一致する。五紀にとっての理想のパートナーだ。

結婚願望？　あった、あった。こう見えても、十八歳のときにプロポーズされたこと、あるのよ。本当は、私、二十歳《はたち》で辞めようと思ってたの。五年やれば充分。十五歳で入って二十歳で辞めて、一年くらい相手探して、結婚したかったのね。私、母親が四十一歳で遅く産んだ子で、それが嫌だったの。ヤンママになりたかった。

私は、一般人になりたかった。いつまでもできる仕事じゃないから、常に、プロレスの世界しか知らないようにはならないって意識、頭に置いてたし。裕福な家に育ってたらギャップがあったのかもしれない。現役時代だって身の丈に合った暮らしだったもの。新人時代は寮に入って、寮を出たら最初は六畳一間のトイレ共同風呂なしのアパート、次は一DKのマンション。自分の成長とともにだんだん住む場所が広くなっていった。それって、自分で実感できるじゃない？　自分の身体で稼いだお金だっていう自信。ともかく自分で稼いで食べてるんだ、っていう自覚はすごくあったけどね。だからって別に贅沢しようとは思わなかったし、また、できるほど、給料もらってなかったけどね。貯金もしてましたよ。

現役のときって、こんな厳しい世界にいたから、やめたって自分はなんでもできるって思ってたけど、それは全く逆だね。そういう世界しか知らないから、普通じゃないことが普通で通る世界だから、一般社会の中に入って自分が一からなにをやるっていうのは大変だと思う。一からOLやりなさいったって、よっぽどガッツがないと。ギャップがあるでしょう？

ダディはプラス思考ですごく尊敬できる人。人に胸張ってこれが夫だよって言える。きれいな言い方すると、ダディと助け合って生きてますよね。

永井勇巳は東京都目黒区出身。五紀と出会ったときは「GO」のマネージャーだった。父は大手石油会社勤務、母は鋳物会社のお嬢さん。勇巳氏はひとり息子。母も実家の仕事を手伝い、お手伝いさんがいる家庭で育った。

勇巳の父方の祖父は永井八津次陸軍少将。一九四五年九月二日、戦艦ミズーリ艦上でおこなわれた降伏文書調印式に重光葵《しげみつまもる》外務大臣、梅津美治郎《うめづよしじろう》参謀総長の両全権とともに陸軍側随員として参加した人。太平洋戦争開戦直前、ソビエトを訪問しスターリンとも会談している。祖父は戦後、出光石油の相談役だった。その関係で永井家はガソリンスタンドを経営していたこともある。

勇巳が幼いころ、母は実家の事務を手伝っていた。周りの大人が勇巳を甘やかすのが嫌で大宮の郊外に引っ越したという。勇巳が小学校二年生から五年生まで、父は仕事でパプアニューギニアに単身赴任したため、母と二人で生活した。野球や陸上、スポーツが大好きな少年だった。その後日本の高校を卒業した後、勇巳は日本大学に進学。大学生活はそれなりに楽しかったが、物足りなさを感じるようになり、一九八五年五月、三年生のとき、単身、渡米した。父は反対しなかったが、旅費や滞在費は自分で稼げと注文をつけた。息子がどのくらい真剣か試す意味もあった。そんなに簡単に旅費が貯まるわけないという両親の予想を裏切って、勇巳は、レストランのウエイター、ビルの窓拭きなど、アルバイトを三つ四つかけもちし、あっというまに渡米資金を貯めてしまった。壮大な覚悟もなく、休学届けも出さず、「行ってきます」といって家を出た。

勇巳の父は立教大学出身で在学中は応援団長。父の後輩である「GO」の前オーナーを頼り、勇巳は鍋洗いのアルバイトを始めた。それがシェフ修行の始まりになった。その当時はまだ一ドル二五〇円の時代。週に千ドル稼いだら日本円で二五万円に相当する。「GO」では日本から来た腕のいい板前がたくさん働いていた。日本と同じかそれ以上の修行ができた。もともと特に食に興味があったわけでもない。実家では台所に入ると母や父に叱られたから、包丁を持ったこともなければ、ラーメンも作ったことがなかった。まさにゼロからのスタートだった。みじん切りさえできなかった。勇巳は自分用に包丁を買い、人より早く出勤し、指を切りながら練習した。努力が実り、勇巳は店を任されオーナーになる。

五紀と勇巳、ふたりを引き合わせたケイジ中山は神奈川県川崎市出身のスポーツ・ジャーナリスト。アメリカ生活は二十年以上に及ぶ。年間百試合のアメリカのプロレスを撮影。日本とアメリカで十二回以上個展を開いている。

勇巳はスポーツ好きだが、熱烈なプロレス・ファンではない。小学生時代はリトル・リーグの選手。思春期は陸上競技に興味が移った。女子プロレスは見たこともなかった。

最初にダディに会ったのは、二回目の遠征のとき。私は仕事で来てたわけで、結婚引退の予定なんてまったくなし。二週間のクリスマス休暇中、「週刊プロレス」のスポーツ・フォトグラファーのケイジ中山さんが「GO」に連れてってくれたの。中山さんが店の人と友だちだった。食事が終わったあと、セントマークス・プレイスにあるピザ屋さんで、「GO」の人たちと、二軒目、どこ行こうかって相談してた。そしたら、もうひとりプロレス好きな奴がいるから今すぐ呼んでくるって、来たのがダディだった。

彼の第一印象？ 爽やかそうな人だな、だけどおちゃらけると、（顔を崩して）こんな感じで。回りを盛り上げようっていうムードメーカーみたいなところがあるな、っていう。

恋愛関係じゃなくてただの友だち。ほら、ニューヨークに友だちいなかったから、中山さんが「GO」やいろんな店で働いてる人を紹介してくれて、こっちに来たら一緒にご飯食べたりしてただけ。

私が帰国したあと、ダディがグリーンカードの手続きのために日本に一時帰国することになったの。たまに酔っぱらって電話かかってきて、もうすぐ日本に行くって話は聞いてたのね。それで彼が一時帰国したときに会って、その十日か二週間で急に結婚するみたいになっちゃった。

プロポーズ？　うーん、別にない。私がね、冗談半分、「プロレス辞めてニューヨークに遊びに行きたいから、永井クン、お店の皿洗いでもいいからやらせてね」って言ったの。そしたら彼は「いいよ、おいでおいで、いつくんの、いつくんの？」。その聞き方がなんかおかしいなと思って。そしたら「じゃ、日本にいるあいだに五紀さんの家族に挨拶に行く」って。

彼とは知り合ってから長かったわけだけど、初めて会ったとき、なぜか昔から知ってたって気がしたから、すんなり気持ちが固まった。

前の恋人のこと、お互いに、いろいろあったんだけど、そういうことも全部、話してた。言っていいものかどうかわかんないけど……。でも、ふだん常にそれを頭に置いてるわけじゃないから。

渡米に関しては、ダディがいるってことでなんの不安もなかった。

スター選手から一主婦へ。二六歳の五紀が飛び込んだのは、マンハッタンでのハウスワイフとしての日常だった。

五紀が暮らし始めたとき、ジョージ・ブッシュ・シニアが大統領だった。ところが一月に訪日したときの晩餐会で倒れたのが影響し、選挙の結果、時期大統領には若いビル・クリントンが選ばれた。この年、アメリカは四月にロサンゼルスで白人警官の暴行事件から黒人の大暴動が起こった。冬はアルベールビル、夏はバルセロナでオリンピックが開催された年でもある。一九八七年のブラック・マンデー、株価の大暴落から五年、アメリカの景気は徐々に回復し始めていたが、現在ほどではなく、マンハッタンの日本人街、イースト・ビレッジかいわいも、まだまだ治安が悪かった。

一九九二年の二月にこっちに来た。六月に彼の両親と私の長女ファミリーが来て、セントマークス・チャーチで結婚式あげたの。

夫は「GO」のオーナーになって、グリーンカードとって、私との結婚が決まって。激動の年だった、その一年は。

私、店は手伝ったりとかしたけど、それ以外のことはやんなかったよね。現役時代が充実してたから、彼にも、一年ぐらいはゆっくりしたい、させて欲しい、って頼んだ。

私は別に背伸びして海外来てるわけじゃない。結婚相手探しにアメリカに渡ったわけでもない。自然の流れでこうなった。自然体だからできたのかもしれない。やっぱりその人の人生の流れってある。別に結婚が全てじゃないし、会社おこして大きくしていくのもいい。ただ自分で選んじゃったら最後までやらないとね。

来た当初は、私が女子プロレスラーだったことは知ってる人もいたけれども、自分からは言わなかった。ここの人ってそういうことにぜんぜん興味持たないでしょ。サンフランシスコ在住の野沢直子さん、クイーンズに引っ越した兵頭ユキさんも、前はご近所に住んでてお友だちだったけど、そういう人でもここでは普通のお母さんですよ。ユキさんはね、息子が武蔵と同い年なの。私は、すごく有名な人だったんだよって言われると嬉しいけど、最初はいいです、私のことは、って言ってた。プロレスって八百長でしょ？って聞かれるのが嫌っていう時期もあった。最近、やっと遠い昔の自分のやってたことを、年相応に、冷静に受け入れられるようになってきたかな。

そのときの友だちは、お店関係の人だけ。英語学校は、来てすぐ行ったほうがいいって行った。ジャパン・ソサエティの英会話教室。その学校は肌に合わないと思った。年配の人でも「昔はアメリカにいたのよ」ってベラベラ喋ってて。クラスがランク別にA、B、C、Dってあって、じゃあBから始めようと思って入ったの。そしたら回りがレベルが高くて。私は来たばっかりだったから。

ダディがずっと一緒にいてくれたの。だから不自由なく暮らせた。ひとりで来てたら友だちと待ち合わせしても、自分で歩きながら覚えるけど、彼について歩けばいいやって思ってるからなにも覚えない。サブウェイに乗ってあっちこっち行ったりするようになったの、やっとよ。日本でも移動はバス中心で、地下鉄は、たまに乗ったけど慣れてなかった。地方へ行くときはプライベートで直入りします、なんてこともしたけどね。

ダディは一人っ子だし、両親がいるでしょ。私は早く家を出て、親と過ごした時間が短いから、そういう人とめぐり合わせてくれたんだな、って思う。ダディはプロレスは見てなかったけど、母方のおじいちゃんがプロレス好きで、テレビを買ったら、玄関から靴がはみ出るくらい人が見に来てたんだって。

スポーツはダディのほうが私よりずっと詳しい。彼はずっとリトル・リーグやってて、野球の道に進みたかったんだって。高校は日大豊山って、男子が中高三千人もいるようなマンモス校なんですけど、マラソン大会で優勝してメダルもらってますよ。

私はなんでもソツなくこなせるように言われるんだけど、実は見掛けだおしなんですよ。ウインター・スポーツのスキーやスノーボードもできないし、ローラーブレードもできない。水泳だって平泳ぎしかできないし。今でも深い所に行くと飛び込みたくなっちゃうの。西村修くんを訪ねてフロリダ行ったとき、船で沖合いに出たときも、私が飛び込んだら、西村君もダディもびっくりしてた。サメがいるかもしれないって。水泳も人と競争するようなことはやってない。

私、格闘技は見るけど、のめりこまないですね。プロレス見るの、どこがおもしろいんですか？　ほんと、ファンの人に聞きたい。

現在、永井ファミリーは、両親と、元気な三人の子どもがメンバー。五紀に天から恵まれた幸せな家族に見える。しかし、それも、五紀にとっては、すんなりと得られたものではなかった。

最初の子が生まれる前に、二回、妊娠してるの。九二年の三月と十月。一回は流産して、二回目が子宮外妊娠。来た直後にそういうことがあったから、ダディとの絆が強くなったかな。二人、ダメになっちゃったから、子どもは絶対二人は欲しかったの。その子たちのためにもね。

ほんと、これこそ、自分で乗り越えなきゃなんない辛さ。

子宮外妊娠のとき、妊娠反応は出るんだけど、超音波かけても卵が映らない。先生が「大丈夫」っていうので喜んだり、「超音波もう一回とるから来てください」っていわれて、「なんか、ヤなことかな」なんて悲しんだりして。

こっちって、すぐ退院でしょう？　子ども産んでも、病院にいるのは二日くらいだからね。出血してるから、つきそいがないと帰れない。流産のときは翌日ふらふらしながら帰りましたよ。子宮外妊娠のときはその日に帰った。

その後、私がどうしても子どもが欲しいって思うときに、ダディはそんなに急がなくてもなんて言ってた。病院の先生も産婦人科の先生も、妊娠しやすい薬があるからって処方箋くれた。その紙持って「GO」の事務所行って、「こんな薬、あるんだって。買って飲んでみようか」ってダディに私が言うと、「そんな無理しなくてもいいんじゃないの、授かるときは授かるんだから」。ダディは思いやりで言ったんだろうけど、こっちは「欲しいのに」っていう、食い違いがあったことも。

辛いことって、同じ人が同じ経験をしても、私もそうだったのよって言えない。それは慰めにならないと思った。道、歩いてて妊婦さんと出会ったら、「いいなあ、妊娠して」って思うでしょ、ふつう。だけど、それは見た目だけの判断であって、その人もやっと授かったのかもしれない。同じように流産したり子宮外妊娠しても、私はラッキーにも、子どもを三人授かったけど、他の人に「大丈夫よ」って言えないよね。なかなか授からない人もいるわけでしょ。

あせらずに、授かるのを待とう。五紀がそう思い始めていた矢先、彼女は妊娠した。長女・瑠夏がお腹に宿っていた。

出産は重かった。回数が増えると楽になるっていう人もいるけど、私は三人とも大変だった。お産が大変だった子は親孝行してくれるっていうらしいけど。出産もひとりひとり個性があるの。生まれてきかた、出てきかた、そっからもう違うのね、同じきょうだいでも。

帝王切開になるかもしれないって言われてた。現役のとき、練習中にお尻の骨をぶつけて、痛かったけど試合したのね。渡米する前、日本で、産婦人科の検査を受けたら、「お尻の骨、折れてくっついたんだね、思いっきり曲がってる。子ども産むとき大変だから、お腹で小っちゃく育てて産むか帝王切開だね」って、出産の時には必ず見せるようにってレントゲンをもらった。

瑠夏のとき、ドクターも私も自然分娩を希望してた。赤ちゃんが出てくるときって押すから骨が動くんだけど、私はその骨が曲がってて、そこに赤ちゃんがひっかかる。でも、骨さえ動けば大丈夫だからって。

瑠夏が生まれたのが一九九四年の七月十八日。最後は促進剤打って、人口破水させて、三日目の朝、やっと生まれたの。五十九時間かかった。

保険がなくて、マンハッタンより外のほうがまだ病院代が安いからクイーンズの病院にしたのね。それが、アメリカの出産って、産める状態になんないと病院に置いてくんない。陣痛が始まったから病院に行ったの。そこのフォース・ストリートの信号が渡れなくて、ダディに抱きついてね。人が見たらなんて思うだろう、って気にしながら。それなのに、病院行ったら、医者が子宮口がまだ開いてないから帰りなさいって。で、家と病院を行ったり来たり。三回目も帰されて、四回目はもうヤだって病院に残った。

二日間、なにも食べてなかった。ダディが「動いたほうがいいから歩こう」って、二人で近所のレストラン行ってね。鍋焼きうどん頼んだら、陣痛がきた。食べられなくて、彼が「じゃあ、食べていい?」って食べちゃった。

いよいよお産ってとき、帝王切開になるかもしれないから、オペのできるデリバリー・ルームまで連れて行かれてね。ダディはラマーズ法の講習を受けてないから入れなかった。ぎりぎり最後、これで骨が動かなかったら帝王切開っていうときに瑠夏が動いて、先生が「動いた、動いた、ちょっとだけど動いた、これならいける！」って。でも、私はへとへとで体力なくなってていきめない。そしたら病院一の力持ちだっていう大きなドイツ人の女性看護師が来て、私のお腹の上に乗っかって、二回、押したの。ギューって、マヨネーズを最後に絞り出すみたいに。そしたらうまくいった。

二回目の出産は長男の武蔵。一九九六年七月十日。

この子がお腹にいるときは、お店が大変だった。結婚した年は好調だったんだけど、三年目くらいから、がたがたがたっと売り上げが減って。他の日本食の店が増えた影響だったのかな。とにかく大変だったということしか覚えてないけど。妊娠中にチャイナタウンでチラシ配ったりした。

瑠夏のときは無痛分娩の注射を打ったんだけど、産む瞬間を体感したかったから、武蔵のときは断った。陣痛が痛いのは経験するんだけど、出てくる瞬間がどういうものか実感したかったの。

陣痛が始まって、あと二時間くらいでベイビーに会えるわよって言われたけど、武蔵もまた、ぜんぜん出てこない。私、基本的に子宮口が開きにくいのね。で、促進剤打ったら、ものの数分でいきみたくなっちゃったの。医者が「まだまだまだ、だめ」って言ったけど、ずっと便秘してたのが出そうになって我慢してる状態。ドクターが「待って、見てみるから……いいわよっ! ミラクルよ、これは」って。促進剤がなかったら、さらに長くかかったでしょうね。でね、出産の瞬間はね、つるるうん、はーって感じ。馬のお産見てると、引っ張って、つるるんって出すでしょう。

飛佑磨は二〇〇一年五月二十三日に生まれた。

永井さん、三人目だし、どうする? って言われて、じゃあ無痛分娩で、ってことにしたんだけど、麻酔の脊髄注射の針が神経に当たっちゃった。私、すんごい声で「ぎゃー」って叫んだの。ダディが見てて、私の身体がばーんて飛びあがったって。ドクターもびっくりしちゃって。普通ならお産が終わって病室に移るとき、痛いけど歩くのに、私はまったく動けなかった。トイレ行くのも三、四十分かかって、痛くて痛くて。今でも太ももの裏側が麻痺してる。医療事故だから訴えようって弁護士に相談したんだけど、だめだった。車椅子乗っておむつしてる状態なんですかって聞かれて。よくあるんでしょうね、こういうの。症状はよくはなってきてるけど、長くかかるでしょうね。悩まないで、がんばって自然分娩にしてればよかったと思ってね。

飛佑磨のとき、ダディに出産を横からハンディ・カメラで撮影してもらったの。子どもの性教育のとき、自分たちがこうやって生まれたって勉強できるでしょ。産んでるのが私だし。ほんとは瑠夏も武蔵も三人ともビデオを撮りたかった。ダディはね、瑠夏のときは立ち会えなくて、武蔵のときはレンズ越しじゃなくて肉眼で見たいから、撮影やめたんですよ。

アメリカでの育児体験も、五紀は自然体だった。流れのままに、子どもと向き合ってきた。

子ども、産んでみて、よかった。私なんか、もっと産めるよね、って言われちゃう。なんかそういうふうに見えるんだって。

孤独？　なんないですよ。性格にもよるんだと思う。

三人とも母乳です。飛佑磨は足りなくて、混合。

瑠夏は泣き声がうるさくてね。周りの看護婦さんが「ああもう、わかったわかった、もう静かにしていいわよ」って言っても泣いてたぐらい元気だった。

産んだあとは飛佑磨がいちばん大変だったかな。瑠夏も武蔵も、生まれてすぐ五時間、六時間って寝てくれて、私も寝れたのね。それが飛裕磨は二時間おきに目を覚ました。この子に比べると、上のふたりは極楽だったな。

瑠夏がいちばん楽だった。離乳食も短かったし、ストローで飲み始めるのも、コップ使うのも、ほんと早かった。歯も三か月でファースト・ティース（乳歯）が出てきて。歩いたのも、十か月くらいで最初の一歩、踏み出して。ダイパー（おむつ）だって一歳ぐらいでとっちゃったでしょう。その点に関しては日本が早い早いって聞いて、そのころまだグリーンカードとれてなくて、とれたらすぐ帰りたかったから、日本で「まだオムツしてんの」って言われるの、ヤだったのね。おむつはずすのはね、特別な方法なんてなくて、小まめにトイレでさせるしかない。瑠夏は夏生まれだったから楽だった。最初は床にデーってしちゃったり。そのうち自分で気持ち悪くなるから言うようになった。

今のところ幸い三人とも健康で、病気って、瑠夏が一歳すぎに、スタマック・フル（内臓のインフルエンザ）にかかって下痢したくらいかな。武蔵は、身体、ほんとに丈夫。食べさせすぎだから控えなさいっていうくらいよく食べた。上と下の子が風邪ひいても鼻水くらいで終わる。

東京に子ども三人連れて行くと、よく三人も子育てできるね、って言われる。だけど自分のなかでは当たり前だから。だってしょうがないじゃない？　子ども作ったのは自分たちだし面倒みなきゃ。

　子どもを通じて、親のつきあいは増えたかな。公園デビュー？　ない、ない。日本の公園デビューじたい、私はすっごくおかしいと思う。お母さんどうしで上下関係を作ろうとしてる。ここではそんなの作る意味もない。困ったらお互いさま。できる人がヘルプしてあげる。お母さんどうし助け合って生活してる。たとえば子どもの病気に関しても、似たような病気してた子のお母さんに電話すれば、熱が三日から四日で下がるよ、なんて教えてくれる。女どうし張り合ったってなにも残んない。ベビーシッターや見てくれる人がいないとなれば、助けてあげたいって思うのが自然じゃない？　その家ごとに育児方針が違って「そうなのかな？」って思うこともあるけど、相手が私に対しても思うことだから気にしない。

　うちは、子どもたちには必要最低限のことは自分で決めさせる。たとえば日本語の教室に行くとか、空手を始めたいとか。「こういうことがあるんだけど、どう思う？」って、まず、子どもに聞く。本人が「やりたい」っていったら「じゃあ、よく考えて、今すぐ答え出さなくていいから」って。

　悪いことをしたときは、なあなあですませると、子どもは親をなめちゃうから、夫が叱ります。だから子どもはダディのほうが怖いって言う。そのへんはうまくキープできてる。

子どもには思いやりのあるやさしい子になって欲しい。道歩いてて、ハンディキャップの人がいると、子どもは最初わかんないでしょ、だから私が「こうやるんだよ」って見せる。それを当たり前だと思って欲しい。学校にハンディのある子がいるから、自然とやさしく接するようになるよね。そういうところは素晴らしい。だからハンディ持ってる人も「ありがとう」って言えるんだと思う。日本って、ハンディ持ってる人もハンディ扱いして欲しくないのに言いにくいとか、そういう環境が成り立ってない。アメリカにいたら、そういうこともひっくるめて勉強して、当たり前にできる。なにかしましょうか、って自然に言える子になってくれれば。

我が子だから望めばきりないけどお勉強はね……。親として、その子にある程度、道筋はつけるけど、それに乗っかれるかどうかは、子どもの性格もあるし。

スポーツ一所懸命やってくれれば、あとはどうにでもなるって感じ。元気よくいてさえくれればいいですね。アメリカでは一人の子がいろんなスポーツをする。たとえば今日はサッカー。春夏秋冬で違うことやってるの。ダディなんか、子どもがやりたいってスポーツはみんなやらせろって言うんですよ。うちは首から下の勝負に出てますから、って冗談で言うんですけど。やってみて、うまくのめりこんでくれれば、すごいいいことだと思うんですよ。プロレス？　うーん、やらせたいかなあ。他のスポーツも、芸能界もそうだけど、それに立ち向かえるほどの気力、精神力があればいいですけどね。本人がやりたいっていうならいいですよ。

日本語教室だって、高いお金払ってるから行って欲しいですよ。でも、アメリカで生まれた子に日本語勉強させてるわけでしょう。宿題で「ひらがなの『る』、どうだっけ？『ね』、どうだっけ？」って子どもが聞くから、どうしてなかなか覚えられないのって怒っちゃうけど、英語圏で育ってるこの子たちに日本語も喋らせようとしているのは、自分のエゴなんだよね。別に英語だけでもいいわけでしょう、日本人だっていうだけで生まれてるのはアメリカだから。これが日本だったらこういうこともなかった、って考えることもたまにある。親としては日本文化を残してあげたいって思うけど、子どもが成長してから感謝されるか、されないか。

ただ、先日、バスケット見に行って、ひとつ救いを見つけたの。スポーツの盛んなこのアメリカでこの子たちが生まれてよかったな、ってこと。車で十分、二十分ドライブすれば、あるいはサブウェイにちょこっと乗れば、世界のスーパースター、見れるんだもんね。刺激、受けれるもんね。見終わった帰りの車の中で、私はダディとそんな話したの。

ある人に、あなたは子どもに自分の意見を押しつけすぎてるって言われた。子どもの話を聞いてあげなさい、って。瑠夏にガーガー言い過ぎると、早く手元、離れちゃうよって。だからなるべく気をつけようと思ってるの。

子ども産んでからも自分自身は変わってないと思う。子ども、好きだけど、自分の時間も欲しい。だから週に何度か夜や空手のピックアップ（お迎え）はベビーシッターさんに来てもらう。見てもらうのは夜だけ。そういう境遇だから他のお母さんに比べると恵まれてるよね。自分でめんどうみようと思えばできるから、贅沢かなって感じるときもある。だけど、これがあるからダディと喧嘩しないでいられるのかも。彼は家のこと、子どものことに関しては口出ししない。信頼してくれてる。

ダディに対しては、年に一回は、「なんか私に変えて欲しいことでもなんでも、不満があったら言ってね」って聞くの。でも、彼はいつも「ないよ」って言うの。思ってても言わないのか、ほんとにないのか、そりゃわかんないんだけど。

家のことは全部自分でやってる。ハウスキーパーは頼んでない。家族にきれいなものを着せたいと思うから洗濯だってするし、食事もできるだけ作ろうと思ってる。料理は子どものころから姉が作るのを見てるの好きだったし。確かに、子どもがひとりずつ増えるにつれて、家事の手を抜かざるをえない部分はありますよ。でもね、せめて部屋だけはきちんと片付けようって思ってるの。だって、ダディが仕事から戻ったとき、足の踏み場もないほど散らかってると嫌でしょ。でもね、どうしても手が回らなくて、ダディに「ごめんね」って謝る日もある。だけど、彼は掃除しろなんて怒らない。身体がだるくて一日なにもしなくてもなにも言わないし。ハウスキーパー、頼みたいときは言ってよ、って言う。それで私はいいの。ありがとうなんて、面と向かっては言わないけど。友だちにもよく言うんだけど、いっぱいの思いやりとかやさしさじゃなくて、ちょっとしたことで充分なんですよ、私のなかでは。

子育てに追われながらも、ニューヨークでのおだやかな日常が続いていたある日。

二〇〇一年九月一一日、世界を揺るがす大事件が起こった。

この日のことを語るとき、五紀の声は曇る。強烈な心の傷になっている。思い出したくない。

語りたくない。でも語らずにいられない。そんな思いが伝わってくる。

それは、よく晴れた初秋の朝。特に変わったことといえば、勇巳が休みで、早朝からニュージャージーにゴルフに出かけていることだけ。五紀と子どもたちにとってはいつもと同じ日常が始まっていた。五紀は子どもを連れて八時一五分に家を出た。なにもかも、ふだんと同じ。それが、一変した。


朝、起きて、子どもを学校に送って、学校に入る前に一回目の衝突を聞いたの。二回目は学校出てから。

そんな事件だとわかんない。学校に入ったとき、旅客機がワートレ（ワールド・トレード・センター）にアタックしたっていうのを聞いて、じゃあ、さっきの音、そうだったんだって言ったら、他のお母さんが「まさか」、別のお母さんが「でもラジオで言ってる」。

学校、出たとたん、どん、って、二機目がぶつかった。ぼわーん、どーん、どん？　地鳴りまでいかないけど、車と車がぶつかるような音よりも…言葉で言うの難しいな……ぼわーんっていうのを大きくしたような音。

どこでなにが起こったのか、確認できなかった。

まさかそんな上のほうだとは思わないけど、ファースト・アヴェニューだともっと音が大っきいだろうと思ったのね。アヴェニュー出たらすっごい煙。とにかく一回、アパートに帰ったの。そしたらダウンタウンからどんどんどんどん人がやってくるのが窓から見えた。わんさかわんさか人がこっち向かって歩いてた。これはただごとじゃないって感じて、私は飛佑磨抱っこして、また学校へ上のふたりを迎えに行ったの。

飛佑磨がまだ五か月くらいだったでしょ。風で煙がダウンタウンのほうに吹いてて、あれがこっちに来たらアウトだなって思った。ベビーカーなんか押していける状況じゃない、絶対無理だなと思ったから抱っこして行った。それは正解だった。

通りはもう、人、人、人……。戦争ってこういうのかなあ、って。みんな頭から白い灰かぶって歩いてた。私はそれと逆方向に向かって歩いたの。

学校に着くと、子どもたちの顔も、すんごくシリアスだった。やっぱり先生も平静を装えないでしょ。子どもも感じとる。オフィスの隣のクラスは、人が通るたびに、みんなわっと振り返ってた。教室に迎えに行ったら、瑠夏が走ってとんできたの。武蔵もすぐに来た。それで二人を連れて帰って、大丈夫だよ、って言ったの。子どもにとってもすごい衝撃だったんだよね、あれは。前うちの店で働いてた人が、二人、ワートレのジャパニーズ・レストランで働いてて、崩壊寸前に脱出したの。なんで、そういうことするのか。建物を壊して、そのなかに人がいて。アメリカ人だけじゃなく、無差別で……。そして、ピッツバーグ、ペンタゴンでしょ。ほんと、戦争だな、って思った。

早朝から出かけていた勇巳とはなかなか連絡がとれなかった。帰ってこれるのか。急きょ、非常持ち出しバッグを作りながら、五紀の心は不安でいっぱいだった。やっと電話があったときは心底ほっとしたという。マンハッタン内は交通規制されて車は入れず、電車や地下鉄を乗り継ぎ、夜になってから勇巳は戻ってきた。

グラウンド・ゼロは他人事ではなかった。「GO」の従業員の友だちが、ビルに激突した一機目の飛行機に乗っていた。

日本のプロレスファンの間では、山崎五紀がテロで死んだというデマまでとびかった。

「テロの起こった後は、このスクエアにも足が進まないし、物の見方が変わったかな。家族ともっといたいなと。それにしても被害者を思うと心が痛い。嫌な世界になってきたね。平和に

なってほしいですね。」(「Lady's 週刊ゴング」二〇〇一年一二月一四日増刊号、日本スポーツ出版社)

ダディが仲間に声をかけて、グラウンド・ゼロの救出活動をするNYFD(ニューヨーク・ファイアー・デパートメント、ニューヨーク消防署)の人たちに六百食、差し入れしたの。おにぎりと巻きものとチャーハン。

同時多発テロの後、なにか協力したいってずっと言ってて。でも、どういう風にしていいかわかんなかった。そんなとき、子どもの行ってる空手教室の日本人のお母さんで教会のボランティアやってる人が、NYPDの人たちのご飯、ホットドッグとかピザとか、みんな、さすがに飽きてきてるみたい、って。チャイニーズの差し入れがあったとき、みんな喜んで食べてたから協力してもらえないかって。それで、こういう話があるよってダディに伝えたの。そしたらダディが仲のいい他のレストランの人たち、何人かに声かけた。そのときたまたまタイガー服部さんや西村修選手がニューヨークにいて、ぜひ手伝わせてくれっていうんで、みんなで配った。私は持って行かなかったんだけど。

タイガー服部はプロレスレフェリー。明治大学レスリング部出身、アマチュア・レスリング界で活躍後渡米。ノース・ウェスタン大学レスリング部など、アメリカのアマチュア・レスリングのコーチとして活躍。元新日本プロレスレフェリー部主任。ニューヨーク在住で永井勇巳とは兄弟のように親しい。お互い家族ぐるみで交際している。

アメリカで生活していると、世界のニュースが自分のニュースになる。それだけアメリカという国が世界に影響を与えている。日本にいるのとは、切実さが違ってくる。ブッシュ政権はアフガニスタンに報復攻撃し、さらにイラクへ矛先を向けようとしていた。

イラク戦争、すっごく気になる。自分のなかでは、かなりきてるよ。不安ですよ。すごく不安。戦争に反対してる人に限らず、賛成してる人でも、すごいツインタワーの恐怖がよみがえってるんじゃないかなあ。

だって、見れなかった、怖くて、あの映像が。あんだけテレビでやってたけど。怖いとか悲しいとか、なにがあんときに当てはまったかもわかんない。なんかもう、自然と涙が出てくる感じ。いっぱい人が死んだでしょ?

去年の夏、姪が来て、ナイン・イレブンスの後、初めてグラウンド・ゼロ、行った。切なかったね。まさかマンハッタンがそんな……。ピッツバーグもペンタゴンもそうかもしんないけど。あんなビルをあんな壊してね。それで自分たちに幸せが来ると思ってるほうが、一般常識からして間違ってるんじゃないかって、ね。日々の事故だったら、辛いけど、また受け止め方が違うでしょう。あれはもう、故意にしたものだから。平気でそういうことできるまでの反感を持たせたのもアメリカかもしんないけど、自分たちの国の人たちだって死んでるでしょう。そこでなにを得たいんだろう。

アメリカにいると、こういう問題について、肌でぴりぴり感じる。うちの実家で、なんかごちゃごちゃ、もめごとあったりするでしょう。そんなこと、鼻くそより小っちゃいよ、って思っちゃうの。そんなこと心配するなら、北朝鮮問題とか、そういうこと心配して話し合いなさい、って言いたいくらい。

家族で一緒にいるときがいいな、って思う。生物化学兵器をまかれようが、核、落とされようが。だって百トンの化学兵器でマンハッタン五つ分ダメにできるっていうんでしょう。マンハッタンっていったって、横が三キロで縦が何キロ？そんなかに自分たちがいるでしょう。昔の戦争だったら、アメリカ本土なんて、まず攻められっこないって思ったけど。ニュース見て天気予報見たら、アナウンサーが日本は狭いけどやっぱり広いですね、なんて言ってて。暖かい所もあればそうでない所もありますねなんて。なに呑気なこと言ってんだよ、って思った。心配してもどうしようもないけど。二千年になるときも、コンピュータが作動するかどうかって、すんごく騒いでたでしょう。どんなミスが起こるかぐらいは知っといたほうがいいかなって。日本にいる人が聞いたら笑うかもしんないけど、でも、ほんとに、信号からすべてのものがダメになっちゃうでしょ。

二〇〇二年一二月三一日、五紀は、年末のカウントダウンでパーティーをするから、よかったら来ませんかと私たち夫婦を誘ってくれた。さりげない心配りだった。その言葉に甘えて、私たち夫婦もそのパーティーに合流させてもらった。

テーブルいっぱいに五紀の手料理が並んでいた。

「GO」の常連客であるアメリカ人男性、タイガー服部夫妻、地元のフリーペーパー編集者、元「GO」の従業員、飲食関係で働きながら役者をめざす男性、美容師夫婦とその子ども、人種も年齢も職業も違う雑多な人たちが永井夫妻の縁で集まって、NHKの衛星放送から流れる紅白歌合戦を見ながら過ごした。永井家の子どもたちも夜更かしを許されていた。深夜になっても永井家の玄関のチャイムは鳴り、大晦日の深夜まで働いていた人たちも集まった。

日付が変わる直前、タイムズ・スクエアのカウントダウン生中継にテレビのチャンネルを切り替え、全員で声を出して一秒一秒を確かめ、新しい年を迎えた。ビルの外でも、新年を祝うニューヨーカーの嬌声が響いた。

誰でもウェルカムな、永井家らしい新年だった。

この年、永井ファミリーは、ニュージャージーの一軒家に引っ越した。建物二百坪、庭が百坪の広大な邸宅。二〇〇三年のクリスマス・カードには、子どもたちのためにニュージャージーに引っ越して本当によかったと、五紀の字で書かれていた。

瑠夏は母親の相談に乗れるくらいお姉ちゃん。武蔵も自分で何でもできる。末っ子の飛佑磨も手がかからなくなってきた。子育てはそろそろ一段落する。五紀は、仕事をしたいという気持ちはわいてないのだろうか。

そういう気持ちってのは、持ち続けてますよ。今、育児に忙しいからできないけど。

ダディはどんな話でも耳を傾けてくれる人だから「やればいいじゃない」って言ってくれる。私のやりたいこと、気持ちの隅にでも置いてくれてるっていうのが、話しててわかる。「話を聞いて」って言うまでもなく。今回の自伝の話も「いいじゃん、いいじゃん、やれよ」って言う人だから。ダディは私がやろうとしてることには反対しないです。NOって言われたことない。これがガチガチの夫だったら、「じゃあ、やんないよ」ってなっちゃうかもしれないけどね。

こっちで日本のプロレスの興行できるといいなっていう、そういう話はちらちら出てる。できればいいなっていう夢だけど。こっちに住んでる日本人でもプロレス・ファン、多いのね。冬なんか、スポーツ、見るもの、限られるでしょ。団体を立ち上げる？　それはないなあ。ビジネスはしてみたいけど。

全女とは個人的には連絡とってないですよ。数年前に事務所の下のパーキングで試合やったりしてたから、それ見に行ったことはありますね。会社との関係は悪くない。

アメリカでレスラー育てて日本に送り込むとか、そういうことを考えたことはあります。やります、じゃなくて、できたらいいなっていう段階。今の日本の女子プロレスがどういう状態かよくわかんないし。道場なんかなくても、やる気になればなんでもできますよ。ただやらないだけで。

そこまでいかなくても、アメリカ進出したい日本の女子選手のヘルプができたらいいなとは思ってます。この間も井上貴子が来たんですよ。カリフォルニアにWWEのテストを受けにきて、そのとき、結婚して初めて家をあけて、二泊三日で行ってきました。「じゃあ、見に行くよ」って、ひとりで。カリフォルニアの猪木道場も見てきましたよ。看板は出してないけど、やりたい人は行って自由に練習して、よければスカウトされる。新日本プロレスは使ってますよ。猪木さんと倍賞さんの間の子どもさんが結婚して子どもがいて、そのダンナさんにお世話になりました。いい道場でしたよ。

貴子の場合、日本じゃない場所で新しいことしたくなったんじゃないですか。LAとサンディエゴのテレビ撮りのとき、一緒に行ったんです。私たちのときみたいにWWEからオファーがあったわけじゃないから全く状況が違います。アポとらないと受けられない。テストはね、ほんとにプロレスやるの。副社長のジョニー・エースが審査した。貴子もインディーの女子レスラーとやった。技術ははるかに貴子が上だから、相手は怖いわけですよ。固くなってる上に、パンチにしても蹴りにしても下手。ボストンクラブ入ったとき、相手が思いっきりしゃがんじゃって、そのとき貴子は腰を悪くしちゃった。多少名前があってもテストは一回じゃ終わらない。そのあと別のレスラー二人と試合した。五、六分ずつ。ジョニー・エースは、彼女のキャラクターはOKだけど、投げが逆なのと、プロレス用語がわかんないとダメって。

たくさんいますよ、テスト受けてる人。貴子もまだ合格したわけじゃないんですよ。テスト受けたら合格も同じみたいにマスコミのほうが騒いでるんです、なんて言ってましたけどね。それで騒いで本当にブッキングしてくれなくなると困るんで、あまり騒がないようにしてくれって言ったんですけど。

私、貴子をWWEのリングに、一回くらいは立たせてあげたい。

貴子と私は少しだけ重なってたらしいです。私はほとんど覚えてなくて。貴子が「長与千種の引退試合のバトルロイヤルで当たって、一回投げられただけです」って言ってました。貴子は記代のこと慕ってるから。私は怖い先輩だというイメージを持ってたみたい。だから意外だったみたいよ、私のキャラクターに対して。うちに来て何回か話してると、貴子は、私の言い方は説得力があって、なんでも見透かされてるって言う。私は、自分の言ってることが全て正しいと思わないし、ごくごく当たり前のことを言ってるだけ。プロレスや芸能の仕事をして外に出たらこういうこともあるよ、っていう。私自身が見たり聞いたりして経験してることを言ってるだけ。それが少なからず彼女に影響があれば、それはそれでいいことだし。全ては自分で決めなきゃなんないことじゃないですか。私がこうしなさい、ああしなさいって言うことじゃないよ、やるやらないは自分で決めてね、リング下りたら普通の人なんだからね、って言ってる。

たとえばね、自分の名前におごっちゃだめ、って言ってる。私はプロレスラーの井上貴子よったって、みんなが自分を知ってるわけじゃない。そういう自覚で一線ひいてれば、転んだとき起き上がれるでしょ。プロレスしかやらないんじゃなくて、できることはなんでもやったほうがいいよ、って。最初は空港までうちが迎えに行ったんだけど、来てからはステイするだけ。マンハッタンに行くときも車で行って落とすだけ。ジムに行くときとか、車でしか行けないところは送っていったけど。二回目こっちに来たとき、英会話を始めなさい、喋れないと話になんないから、そのときは日本人の先生じゃなくてアメリカ人から習いなさい、とか、アドバイスしました。貴子はすぐ行動に移してるみたいですよ。ジムの帰りに英語のプライベート・レッスン受けてるみたい。

技術的には、日米で受身のサイドが逆なんですよ。日本でも、新人の頃、左右両方習うんだけど、右で受けてる人が多いからそうなっちゃう。だからアメリカ流の左の受身を練習しないと。

新日本プロレスでタイガー服部さんと一緒にやってる外人顧問担当のブラット・レイガンスって人がいるんです。彼はドン・フライと一緒にミネアポリスで道場をやってるんです。ミネアポリスってたくさん湖があってすごくいいところなんですよ。だから今回ロサンゼルスに行ったとき、貴子に英会話のレッスンを兼ねてその道場にホームステイさせてもらったらって勧めてるんですよ。今、話を進めてるみたいですね。そういう風に私にできることがあれば協力するよって言ってるの。あなたがまた実績を作って次に繋げていってほしいから、って。別にブル中野でも誰が頼ってきてもウェルカムですよ。

もうひとつは、なるほどこういうのは主婦にしかできないよね、っていう仕事。たとえばお惣菜屋さん。だって十年、主婦やってるから。変？ ふだん、子育てやってるなかで得た知識とか活かしてね。レストランもやりたい。お好み焼きともんじゃ屋さんもやってみたい。キッチンもフロアも全員女性で。この家を民宿にするっていう案もあるんですよ。マンハッタンからそう遠くないし。ちょっと安めにしてね。だからもう一軒、家、買って……なんてね。プロレスばっかじゃなくて、そういう夢もあるんですよ。そういうエネルギーはダディがすごく出すんです。負けてられないな。楽しいじゃないですか。話だけで終わっちゃうかもしれないけど。「こういうこと考えたんだけど」っていうのが私の口癖みたい。ダディが仕事から帰ったら、よくそういう話しますよ。

今は子どもを育てる段階。三人いるから三人三様で育て方も違う。ひとり育てたから、次もってわけにいかないからね。

いろいろ夢はあるけど、できることからやっていきますよ。あせってもしかたない。時期がきたらすっとできるかもしれないし。夢持ってるだけでも楽しいでしょ。わくわくするでしょ。

なにかやりたいって気持ちはありますけど、今、私のメインは子育て。たった二泊三日家を空けただけでも、子どもってこんなに寂しがるもんなんだな、って。飛佑磨も二日くらい“I love you.”って私の側から離れないの。武蔵は武蔵でべったり。仕事したらベビーシッターさんにお願いすればいいわけだけども、きっと見落とすところがあると思う。

別に元から子ども好きだったわけじゃない。好きなのかな嫌いなのかなって思うとき、ありますけどね。自分の子どもだからできるんじゃないですか。楽しいことばっかりじゃないです。育てながら自分も子どものころこうだったのかなって考えたり。子育てって、十たいへんでも、一の笑顔でそれが消える。それが子どもの持ってる純粋な穢れてない不思議なパワー。ケタケタって笑ったときの顔とかしぐさとか、そういうので辛さが消えちゃう。

一緒に汗を流した仲間たちとは、引退後も交流が続いている。五紀にとって、まさに女子プロレスは職場以上のもの、人生の学校のような存在だった。

自分自身、友だち関係で失敗したこと、あんまりないのね。相手がどう思ってるかわかんないけど。不器用ながらに人には恵まれてた。だからこういう導きがあったんだと思う。

今でも日本に帰ると会ったり、会えなかったら電話くれたり。長与さんはなかなか会えないけど、トモさん（ライオネス飛鳥、北村智子）は、時間があると必ず、ご飯食べたり。いい関係ですよ、クラッシュとは。デビルさんともずっと仲よかった。みんな人それぞれで。ダンプちゃんも、一回テレビの仕事でこっちに来たかな。瑠夏が今の飛佑磨くらいのとき。日本でも何回か会いましたね。今またプロレスやってますもんね、ダンプちゃん。舞台の仕事を年に二回くらいやってるって聞きましたね。引退しても現役でがんばってっても、誰がどうしてるか、だいたいわかるの。みんなどっかでつながってるから。

記代と、すっごく仲いいの。日本に帰ると、まず記代に電話する。もうひとり、小松原ひろみと同期三人、仲よくしてる。自分の実家やダディの実家に帰るよりも、同期の家にいたほうが落ち着くの。誰が先に死ぬかわかんないけど、葬式だけは出ようよって感じかな。

記代なんて、うちに来たら私と一緒のベッドに寝るしね。細かいこと話さなくても意思疎通できるから。本気で喧嘩できるし、悪いと思ったら素直に「ごめんね」って言える。対照的だから。ぜんぜん違う。お酒飲んでて急に大喧嘩したこともある。だらだらプロレスやってほしくないとも言った。やめろってずっと前から言ってるんですけどね、月に数試合だけど「生活のためにプロレスやるんだったら、やめたほうがいいよ。早く結婚して欲しい。私は少なからずそう思ってる」って。そしたら記代が「わかってるんだけどさ」って。結婚に対する考え方もみんな違うじゃないですか。

同期でいちばん最初に記代がやめるってみんな言ってたの。本人も新人に自分の水着を全部配ってた。結婚するチャンスは何度かあったんだけど、タイミングがずれたんでしょうね。今やLLPWの専務だもんね。「なにもセンムだね」って言ったら笑ってましたけどね。武蔵小山でハーレー斎藤と一緒に「悟飯《ごはん》」ってお店やって、近所でうまく人づきあいもしてるみたい。現役のうちに自分の名前を使えるときに使ったほうがいい、現役辞めたら普通の人になるんだし、忘れ去られるのも早いから、お店出すのも今のうちがいいよ、っていうのは言うんですけどね。

ハーレー斎藤とダイナマイト関西はジャパン女子で最初に仲よくなった子たち。一緒に飲みに行ったりしてました。風間ルミなんかもよく知ってた。風間ルミはプロレスが上手なのね。

そういえば、アメリカ来てから、レイ・ラニ&ジュディからも電話がかかってきたことあるの。〝Who are you?〟って言ったら、「通じた、通じた」とかいって、けらけら笑ってんの。

外部の人で人間的なアドバイスや一般常識はこうなんだよって教えてくれる人もいた。お前たちは華やかな世界にいるけど、リング降りてプロレスやめればただの人になるんだって。

私の誕生日に亡くなったんだけど、梶田康之さんていう奈良の興行師さんとかね。会社が今度関西の子がデビューするからなにかあったらお願いしますね、って頼んで、それで気にとめてくれてた。梶田さんの興行のとき会場に着くとバスに来て、「五紀おるかぁ」ってご飯食べに連れて行ってくれて、一緒にいた他の選手にもご馳走してくれた。会場の回りの喫茶店でばったり会うと払ってくれたり。私もちゃんとお礼状書いて。そういうことはちゃんとしてた。梶田さんの紹介で、お相撲さんが泊まりこみで治療に来るような先生とも知り合った。滋賀のお金持ちで個人でホール持ってる人も紹介してもらった。私がフリーでジャパン女子に入ったとき、箔付けでお前の名前で興行やれって梶田さんに言われて。全部許可もらって日にち押さえた、会場代はいらない、チケットはこっちでみんなさばくからって、梶田さんが全面的にバックアップしてくれた。とてもとても大事な人。お父さんみたいな人。すっごくいい人だった。

新人のころからそういう人が私の人生の節目節目に必ずいたの。

女子の場合は、タニマチといってもね、個人的なつきあい。私は関西に多かった。中島さんていう人もいたんだけど、すんごく頭の切れる人で、その人のガールフレンドにも、新人の頃から、よくしてもらった。その人は私の試合を見て、ギブアップしてもいいのにしない、この子はすごい我慢強い子や、って目にとまった。名前聞いて出身聞いたら関西だから、それやったら応援したろって。

振り返ってみると、自分が身を置くその場その場で、やっぱり、すごくいい人と巡り会えてた。自分の転機のとき、なんかあるとき必ず人に恵まれてた。親が死んだときも、一緒にいてくれたボーイフレンドの支えがあったからがんばれた。アメリカ遠征のときも男性との出会いはあった。そんときもハッピーだった。恋愛も、恋愛外もそうだった。失敗した恋愛もあるけど、それも人生だと思って。

そのときそのときの「今」がよければ、いいじゃないですか？

人生のなかで、すごく大切にとっておきたい出会いが私はあるのね。そういう巡り会いができて、すごくよかったなって思う。未練があるとか、そういうのは全然ないのね。胸ときめく出会いっていうか、そういう経験をさせてもらって、よかったなと思う。

プライベートの友だちでも、その当時知り会った人とは、ぱっと再会してもすぐとけこんだ話ができる。人って嫌うより好きでいたいじゃないですか。私も四十歳を前にして、考え方も角がとれてきてるのかもしれないけど。

今のこの生活のなかで大事な人はダディ。その回りに、家族のお手本になるタイガー服部一家がいる。スポーツ・ジャーナリストのケイジ中山さんが服部さんの大学の後輩で紹介してくれて、今もおつきあいが続いてる。

ほんと、人に恵まれてると思う。また、自分でもそうしようと心がけてるしね。ダディにしてもそうだし。

だって、敵を作ったってしょうがないでしょ？

いずれにしても、プロレスがなかったら、人との出会いもないし、今、ここにもいないと思う。


二〇〇三年六月、私はニュージャージーの永井家の新居を訪ねた。グランド・セントラル駅のバス・ターミナルから郊外行きの高速バスで三十分ほど。ハドソン川を渡ると、そこは古いビルがひしめくマンハッタンとは全く違う住宅街。アメリカの家らしい、緑の多い住宅が続く。永井家は、大きな道路からさらに奥まった閑静な住宅街に移っていた。

裏庭は野菜や花を植えるガーデンがあり、子どもが野球をできるほどの広さがある。


人ってやっぱり立ち止まるときがなかったら、周りが見えないでしょう。

引っ越してマンハッタンで気づかなかったこと、たくさんあるしね。

ここには紫蘇と青紫蘇植えたんですよ。トマトも植えてあるんですけど。タイガー服部さんの奥さんが種を持ってきてくれて。前の人が作ってた畑そのまま。

今年はここに桜の木も植えたんですよ。

ファイアー・トラック（消防車）とパトカーの音を聞かないだけでも、もう、ぜんぜん違いますね。マンハッタンにいたときはどっか重石があった。好きなテレビを見たいけど、サイレンがウーウー鳴ってイライラしてた。

今、夜八時半くらいまで明るいから、夕飯食べた後でも子どもたち、バック・ヤード（裏庭）で遊んでるし。庭にリスや鳥もたくさん来るんですよ。赤い鳥や青い鳥も来てね。飛佑磨も鳥さんと一緒にご飯食べようか、って。

一軒家だから気分がゆったりしますね。みんな違うことできるから。子どもが瑠夏だけだったらマンハッタンにいたでしょうね。

小学校は地下一階、地上二階の三階立て。校長先生や武蔵の担任の先生も地元の人。マンハッタンからそんなに遠く離れてないんだけど、もともと地元の人が多いみたいですね。

マンハッタンにいるとき、他の国の人ではあまり親しい友だちがいなかったんですけどね。ニュージャージーに来てからの武蔵の親友はプエルトリコ系。白人じゃない。スパニッシュ系の人。気さくだし年も近いし。めちゃくちゃな英語でごめんね、勉強すればいいんだけど、っていうんだけど、でも五紀がなにを言おうとしてるかわかるからいいよ、って。

お隣も下の男の子が武蔵と同じ年で。朝、学校に送ってもらうの頼んだり。日本人駐在員の家族もいますけど、さっぱりしてる人たちだから。

忙しくしてたほうが、大変だけど、いい。朝、子どもを学校に送っていって、子どもたちが登校してる後姿を見るのがすごい好きなんですよね。ほんの一、二分の間なんだけど、瑠夏と武蔵が二人で車を降りて学校の校舎までふざけながら歩いてる。武蔵が友だちのほうへ走ってったり、瑠夏のところに友だちが走ってきたり。それが充実感を感じる瞬間ですね。すごいいいですよ。マンハッタンにいるときはそういう発見もなかった。教室まで連れて行ってたから。

写真撮るのも後姿が好きなんです。その人を物語ってるっていうか、気持ちが出る。自分の後姿ってわかんないでしょ。後姿が語ってますよ。

家は明るい陽射しに満ちていた。前の持ち主はハンガリー人の建築家。北欧的な要素も取り入れられていて、採光がよく、家のどこにいても明るい。一階はキッチン、リビングとファミリー・スペース、ホームシアター。二階は子ども部屋と夫婦の部屋、畳敷きのゲスト・ルーム。月も二階の窓から見える。地下室は勇巳のホーム・オフィスと洗濯など家事室。あとは五紀の個室になる予定。部屋のあちこちに、家族の写真が飾られていた。新婚旅行で行ったニューオリンズ。子どもの成長の記録。

いい人生を歩んでいるな、という実感が伝わってきた。
「GO」の営業は午後六時から翌朝の四時まで。私が五紀と話している間、出勤前の勇巳は玄関にレンガを埋めて道を作っていた。

家のことは、今も全部自分でやってます。武蔵の仲のいいクラスメートのお母さんに、ヒスパニック系の人が時給十ドルでハウス・クリーニングしてくれるよ、って聞いてるけど、それは私が病気のときとか、いざというときにしようと思って。引っ越してから、ダディが子育てでも積極的に手伝ってくれるようになってね、学校の懇談会とか、時間が許す限りやってくれるから。

選手時代は結婚するだろうなくらいで、こういう生活するなんて、想像しませんでした。

プロレスをやってよかったことは、たくさんあります。

人間として豊かになった。苦しかったけど、あきらめずにレスリングをできたことは親に感謝してます。夢かなわずしてあきらめた人も何人もいるし、そういうことを考えれば、プロレスができたこと、自分は選ばれた人間なんだと思う。それが、誰にでもできないことをやってたって自信になってます。

そして、プロレスを通して、いろんな人に巡り会えた。やってなかったらダディとも会ってなかったし、海外に出ることもなかった。平凡に島で育って結婚してたかもしれないし。島は出ても、また違った世界になってたでしょうね。

結婚して十二年たって、現役の年数と同じになってますけど、女子プロレスは私の人生から切り離せない。今の私のすべてのことがつながってるから。

自分の中ではすごくプロレスを愛してますよ。それなくして今の自分はないと思ってますから。

もし生まれ変わったら、プロレスラーって仕事を選ぶかなあ。どうだろう。世間を知らなさ過ぎる不自由さをわかってるから。どうなんでしょう、でもそういった表だった仕事にはつくんじゃないですかね。うーん、難しいですね。まあ、どの仕事しても、人に迷惑かけることはしなかったと思います。

子どもの成長を見るのがいちばん幸せ。私は、このスタンスを選んで、満足してる。そういう気持ちでいられるのは、ダディの力、存在が大きいと思うんですよね。

この先、どんな大変なことがあっても、自分を信じるしかないし、信じた方向性で行くしかないじゃないですか。

山崎五紀の半生をたどる旅の最後は、濱部良典の言葉で締めくくりたい。

僕がこの業界に入ったのが一九八四年の秋。

当時は、男子は新日本プロレスと全日本プロレスとＵＷＦ、女子は全日本女子プロレスしか団体がありませんでした。

ジャガー横田やデビル雅美がチャンピオンで、クラッシュ・ギャルズが出始めの時代。僕は最初、プロレス関係の週刊誌としては最後発の「ビッグレスラー」編集部にいたんです。そのころ、あまり女子プロレスには行ってなかった。男子プロレスがメインで手のあいた人が取材に行く感じ。その雑誌が廃刊になって編集部が解散したあと、ベースボール・マガジン社に移った。クラッシュの情報がたくさんあるので「Deluxeプロレス」が売れてました。そこにフリーとして参加したんです。メインライターは井田真木子さんで、井田さんがトップのクラッシュを一手に取材を引き受けて、僕に回ってきたのは、そのほかのレスラーをカバーする役割でした。まだ観客は九割女の子で、取材に行っても身の置き所がない感じだった。

山崎五紀とはそのときに知り合いました。まだＪＢエンジェルスという名前が付く前だった。でも会うときは仕事がらみで、いつも会場の中。現役のときは仕事以外でつきあうことはなかった。そういう仕事とプライベートの切り離しは、五紀はきちんとしてましたね。僕とも取材を媒介にした信頼関係です。

その当時、僕は三十代。五紀には、僕が二十代の女の子と話をすると感じる年齢のギャップを感じなかった。女子の場合、感情のままに動いてしまう選手が多いんだけど、五紀にはそれがなかったんです。あれは性格だと思う。今も変わらない。若い頃から考え方がしっかりしていて、周囲の状況がよく見える子。最初から、プロレスの外の世界に出たら一からやりなおさなきゃいけないんだっていう意識はあったと思います。かといって、最初から逃げ道を用意する子はダメですね。それほど悲壮な覚悟はなくてもやっていけるけど。五紀はそのどちらでもなかった。

ＪＢエンジェルスを取材するようになったのは、このコンビがクラッシュの対抗馬として頭角を現し始めたころ。「五紀の懺悔録《ざんげろく》」ってタイトルをつけて取材をしたとき、初めてじっくり話をしたんだけど、それ以後はいつも僕がいくと、にこにこして対応してくれました。

全女を引退してからカムバックするまでの一年間になにをしてたか、僕は部署が代わったんでよく知らない。ジャパン女子は山本小鉄さんていう人がついてトレーニングしてたんですよね。男子でも馬場さんが育てたレスラーと猪木さんが育てたレスラーは違います。試合はそのほうが逆におもしろい点もあるんですけどね。お互いに警戒するからね。

五紀は幸運だったと思う。結婚の部分では幸せだったなと思う。私の会社でも女性ががんばってる部署は成績がいいし、それも生き方としていいんだけど、その一方で、結婚して一所懸命子育てをするのも否定できない、素晴らしい美しい生き方だと思う。

プロレスラーって、意外につぶしのきかない職業ではあるんですよね。辞めてどっかの会社で事務とるかっていうと、それは難しい。第二の選択をせまられるわけですよ。自分の立ち位置やポジションが見えてきて、それでいいからがんばろうっていう人と、じゃあやめよう、っていう人がいると思う。五紀はきちっとした形で辞めることのできた選手。

よく僕は若い子によく五紀を目指せって言うんですよ。プロレスラーはそう長い期間やれる職業じゃないよ、その先のほうが人生は長いんだよ、って。プロレスで得たものを活かして、新しい幸せを探していく努力をしなくちゃいけないし、女子の場合、そういう背中を見せてるレスラーが少ないと思う。プロレスを見せる技術とお客さんを酔わせたり感動させる器量があれば、いつまでやってもいいと思うけど、キャリアと立ち位置によるんですよ。主役でスターの座にいた人は、やはりいい形で辞めなきゃいけない。相手の選手の光を受けとめて、引き立てる立場なら別だけど、年をくっても真ん中にいたがる人っていうのは、この世界では邪魔でしかないと僕は思います。役割と年齢に応じたポジションを理解して、そこで光ろうとする部分においては、いてくれてもいいし、そういう人たちにできること、救えることはたくさんある。

五紀の場合、アスリートとしてコーチみたいなものをするとかは別だけど、営業とかに回って、現役の選手をサポートする側としてはいてもいいと思うし。子連れレスラー、シングル・マザーもいる。子育てをやりながらプロレスの夢を捨て切れずにやってる子もいる。今は多様化してるから。五紀も子育てが一段落し子離れ親離れするときがきたら、もう一回、自分を表現しようっていう意欲があれば、ぜひやってみて欲しい。

初めて里帰りしてきたときにも会った。ちょっとごめんね、って、いきなり目の前で母乳をあげてて、そういう強さ、それだけ僕を信頼してくれてるんだなってすごく感動したことがある。

ともかく、五紀が現役時代の女子プロレスはレベルが高かったなと思う。五、六年前に、OG戦があったとき、「なんだ、五紀、昔と変わらないじゃん、動けるじゃない」って僕は言ったんだけど、実はそのとき五紀は早めにのりこんで、どこかの場所を借りてトレーニングして、ちゃんと動ける身体を作ってからリングにあがったようです。顔見世だけじゃ嫌だっていう、そのプロ意識が山崎五紀らしい、たいしたものだと思った。強い子だなあと思いますね。五紀を見てると、いい人生を歩んでいるなと思う。前へ前へと進んできた芯の強さを感じますね（濱部良典）。


山崎五紀から永井五紀へ変わっても、生き方は変わらない。

常に前へ、前へと進んでいく、芯の強さ――。

今は五紀の頭にはプロレスのことは全くないといっていい。しかし、どんな人生を生きても、プロレスで見せた生き方は変わらない。

どんな苦しい状況に追い込まれても逃げない。勝負より内容、持てる力を出し切って、戦いきる。すべて、自然体で、受けとめる。

山崎五紀は伝説になった。そして永井五紀として歩み続ける。

山崎五紀年表

一九六六（昭和四一）年一月三日　〇歳　兵庫県飾磨郡家島町に生まれる。父は石男《いしお》、母は貞子《さだこ》。六人兄弟の五女。

一九七二（昭和四七）年四月　六歳　家島小学校入学

一九七八（昭和五三）年三月　一二歳　家島小学校卒業

四月　家島中学校入学

一九八〇（昭和五五）年三月　一四歳　全日本女子プロレスオーディションを受け合格

一九八一（昭和五六）年三月　一五歳　家島中学校卒業

三月二日　全日本女子プロレス入門。上京、下目黒の寮に入る。

九月五日　女子プロレスラーとしてデビュー。狛江市石井グランド、対浅見美樹。

一九八四（昭和五九）年一月一三日　一八歳　父・石男、肝硬変のため逝去。享年六一歳。

二月二八日　全日本選手権奪取（第七代）、神奈川・相模原市総合

体育館、対立野記代、特別ルールにより判定勝ち
母・貞子、癌のため逝去。享年六一歳。

一一月一七日

一九八五（昭和六〇）年秋　一九歳　立野記代とタッグを組み始める。

タッグリーグ・ザ・ベスト'85、クラッシュ・ギャルズを破り三位に。

一九八六（昭和六一）年一月五日　二〇歳　WWWAタッグ選手権奪取（第八〇代）、東京・後楽園ホール、対ブル中野＆コンドル斎藤

一月九日　初防衛　対ダンプ松本＆ブル中野

三月二〇日　WWWAタッグ選手権防衛失敗、大阪城ホール、対クラッシュ・ギャルズ

立野記代とのコンビでレコード・デビュー決定、JBエンジェルスと命名される。

四月二一日　CBSソニーから「(CHANCE)³」でレコード・デビュー

五月一七日　ジャパン・グランプリ'86でペア対決、立野記代の勝利。

一九八七（昭和六二）年一月九日　二一歳　WWWA世界タッグ王座に挑戦、対ダンプ松本＆ブル中野。結果は阿部四郎のミスジャッジで没収試合、ベルトは協会預かり。

このころ、アメリカESPNで全日本女子プロレスの

試合が放映される。
WWFから選手派遣要請、フロントからJBエンジェルスが指名される。

六月二一日　第一次アメリカ遠征。六月二四日ケンタッキー州ルイビルケンタッキー・ガーデン、対レイ・ラニ・カイ&ジュディ・マーチン戦、二五日WWF世界女子タッグ王座に挑戦、ニューヨーク州ナッソー・コロシアム対、レイ・ラニ・カイ&ジュディ・マーチン、惜敗。以後、六月二六日ペンシルバニア州ピッツバーグ、二七日オハイオ州デイトン、二八日ミシガン州バトルクリーク、二九日カナダケベック州モントリオール、七月一日ワシントン州スポーケン、二日オレゴン州ポートランドなど全三八試合。滞在中WWFのアイス・キャンデーのCFにも出演。

八月七日　帰国。

九月一四日　タッグリーグ・ザ・ベスト'87、対レイ・ラニ・カイ&アンジー・マネリー、両軍リングアウト。

一〇月二三日　大宮大会　対クラッシュ・ギャルズ戦で勝利。

一一月二四日　第二次アメリカ遠征。サウスカロライナ州コロンビアで充電、同地からサーキット開始。

一一月二六日　WWF世界女子タッグ王座挑戦、惜敗、対レイ・ラニ・カイ&マーチン、マディソン・スクェア・ガーデン

WWFサバイバー・シリーズ出場、女子プロ五対五決戦で勝利、オハイオ州クリーブランド。

一九八八（昭和六三）年　一月二四日　二二歳　WWF認定世界女子タッグ選手権奪取。カナダ・オンタリオ州コップス・スタジアム、対グラマー・ガールズ（レイ・ラニ・カイ&マーチン）。

三月三一日　ダンプ松本、大森ゆかりなどあいつぐ引退に、会社側が試合をキャンセルし日本に呼び戻す。

四月二日　国内初防衛、横浜、対ファイアー・ジェッツ（堀田祐美子&西脇充子）

五月一五日　WWFタッグ・コンテンション、後楽園、対クラッシュ・ギャルズ（全日本女子プロレス大賞ベストバウト賞受賞）

六月八日　対グラマー・ガールズでリングアウト、大宮。

第三次アメリカ遠征、キャンセルされる。

一九八九（平成元）年　二月下旬　二三歳　このころ引退を決意。

四月二七日　大宮大会で引退表明。

五月一四日　全日本女子プロレス引退エキシビションマッチ、対立野記代。ＪＢエンジェルス解散。

一九九〇（平成二）年　四月　二四歳　ジャパン女子プロレスとフリー契約。

五月二一日　会津大会

五月二五日　後楽園大会

一九九一（平成三）年　一二月二二日　二五歳　ジャパン女子引退、後楽園ホール、山崎＆ハーレー斎藤対イーグル＆ダイナマイト関西

一九九二（平成四）年　二月　二六歳　青年実業家・永井勇巳と結婚が決まり渡米。

六月二七日　セントマークス・チャーチで挙式。

一九九四（平成六）年　七月一八日　二八歳　長女瑠夏《るか》出産。

一九九六（平成八）年　七月一〇日　三〇歳　長男武蔵《むさし》出産。

二〇〇一（平成一三）年五月二三日　三五歳　次男飛佑磨《ひゅうま》出産。

二〇〇三（平成一五）年六月　三七歳　ニュージャージーの一軒家に引っ越す。

※日本食レストラン「ＧＯ」　30 Saint Mark's Place, New York, N.Y., 10003（8th Street, Between 2nd Avenue & 3rd Avenue）年中無休　17時～翌朝4時　電話：212-254-5510

山崎五紀と夫の永井勇巳
2004年６月ニュージャージーの新居にて

あとがき

山崎五紀との出会いから三年。私はこの原稿をまとめながら、多くのことを学んだ。

私がぐずぐずしている間に、女子プロレスの居場所はますます狭くなっていった。二〇〇四年のアテネオリンピックでは、アマチュア・レスリングで日本の女子は数々のメダルに輝いた。その一方で格闘技のメインがK1などの異種格闘技に移り、プロレス全体がぱっとしない。特に女子プロレスは明るい話題がない。

そんな流れのなかで、二〇〇五年、日本の女子プロレス界はその歴史を語る上でなくてはならない人物をあいついで失った。ひとりは松永国松。八月一七日、ビルの七階からの飛び降り自殺だった。享年六三歳。全日本女子プロレスのブームを支えた松永兄弟のひとりで解散当時の社長である。もうひとりは日本の女子プロレスを初めて立ち上げたショパン猪狩。一一月一三日、心不全。享年七六歳だった。謎のヘビ使いに扮し、「レッドスネイク、カモン」と箱を叩き、相方の妻の千重子が手を突っ込んで操るヘビとコミカルなやりとりをする「東京コミックショウ」でしばしばテレビに出ていたのが懐かしい。

かつて、レスリングは神への捧げものだった。人間の身体の美しさを表現するひとつのアートであった。アートは技巧であり、芸術。格闘技を見て技に酔いたいというのは人間の欲望だ。どんなに時代が変わっても、受け継がれていく。

私は山崎五紀の生き方を取材するなかで、スポーツとしての女子プロレスは日本で成立し、完成したといってもいいと思うようになった。この競技に人生の早い時期を捧げたこの女性の生き方には、女子プロレスで得た収穫が活きている。五紀は、女子プロレスで自分の心と身体を鍛え、人間を磨いてきた。それは五紀だけではなく、この競技に関わったすべての女子プロレスラーに共通する。全身全霊で試合を見守った多くの観客たちもそうだ。

女子プロレスがこのまま幕を下ろしてしまうのは惜しい。再び脚光を浴び、山崎五紀に続く多くのアスリートが出てくることを祈りたい。

山崎五紀、立野記代、濱部良典の三氏のほか、取材にご協力いただいたすべてのみなさま、出版に際してご協力いただいた世織書房の伊藤晶宣氏にこの場をかりてお礼を申し上げます。ありがとうございました。

二〇〇五年一二月　　　　敷村良子

取材協力：山崎五紀、永井勇巳、立野記代、濱部良典

取材日時：二〇〇三年一月〜三月、二〇〇四年六月

参考文献

『翔べ！J・B・エンジェルス』（羽佐間聡、新成出版局、初版一九八六年一二月一〇日）
『プロレス少女伝説』（井田真木子、かのう書房、一九九〇年一〇月。文春ウェブ文庫、文藝春秋、初版二〇〇二年七月一〇日）
『女子プロレスの読み方』（ミスターY、ポケットブック社、ごま書房、初版一九九三年一〇月三〇日）
「DELUXEプロレス」（ベースボール・マガジン社）一九八五年一月号、一九八六年一月号、八月号、一一月号、一九八七年一月号、四月号、五月号、一一月号、一九八八年四月号、二〇〇一年錦秋号、二〇〇三年若葉号
「Lady's週刊ゴング」（日本スポーツ出版社）一九九七年五月一二日増刊号、二〇〇一年一二月一四日増刊号
「内外タイムス」二〇〇一年一二月二三日版
「山崎五紀個人会報誌　スカーレットＶＯＬ３」（原山一美、私家版）
『昭和・平成現代史年表』（神田文人編、小学館、初版一九九七年六月一日）
『現代風俗史年表』（世相風俗観察会編、河出書房新社、初版一九八六年九月二〇日）
『昭和・平成家庭史年表』（下川耿史、家庭総合研究会編、初版一九九七年一二月一五日）
家島町ホームページ

編者紹介
敷村良子（しきむら・よしこ）
1961年愛媛県生まれ。放送大学教養学部卒業。コピーライターを経て95年、「がんばっていきまっしょい」で松山市主催第4回坊っちゃん文学賞大賞受賞。著書に『がんばっていきまっしょい』（幻冬舎文庫）、『明日は明日のカキクケコ』（マガジンハウス）、『坊っちゃん列車かまたき青春記』（毎日新聞社）、『ふだん冒険記』、『女は野となれ山となれ』（創風社出版）がある。

五紀伝——女子プロレスラーとして生きた私

2006年3月15日　第1刷発行©

編　者　敷村良子
発行者　伊藤晶宣
発行所　(株)世織書房
印刷所　(株)マチダ印刷
製本所　協栄製本(株)

〒220-0042 神奈川県横浜市西区戸部町7丁目240番地 文教堂ビル
電話045(317)3176　振替00250-2-18694

ISBN4-902163-23-3